My Catholic Bride

Muratsan

ԻՄ ԿԱԹՈԼԻԿ ՀԱՐՄՆԱՑՈՒՆ

ՄՈՒՐԱՑԱՆ

My Catholic Bride

Contact:
IndoEuropeanPublishing@gmail.com

ISNB: 978-1-60444-781-1

ԻՄ ԿԱԹՈԼԻԿ ՀԱՐՄՆԱՑՈՒՆ

Հրատարակված է Ամերիկայի Միացյալ Նահանգներում:

Կապ՝

IndoEuropeanPublishing@gmail.com

ISNB: 978-1-60444-781-1

ԻՄ ԿԱԹՈԼԻԿ ՀԱՐՄՆԱՑՈՒՆ

Ա

ԾՈՎԻ ՎԵՐԱ

1876 թվականն էր. մայիսյան մի հովաշունչ երեկո: Մեր շոգենավը հանդարտ սլանում էր Կասպից ծովի խաղաղ ալիքների վերա: Բնությունը շրջապատում էր մեզ յուր հրաշալիքներով: Նավի ձախ կողմից երևում էին մերթ կանաչազարդ բլրակներ՝ եզերված փոքրիկ գետակներով, մերթ ընդարձակ դաշտեր՝ որոնց ծանրաբեռնում էին հասկափունջ արտորաները, մերթ լայնանիստ հովիտներ, ուր զեղում և արածում էին ոչխարի բազմաթիվ հոտերը խառը տավարի նախրի հետ և հաճախ՝ մանր ու խոշոր լեռանց ապառվածները՝ ծառազարդ ստորոտներով, որոնք անընդհատ մեկը մյուսի ետևից վազում անհետանում էին մեր աչքերից: Սրանցից ավելի հեռու նշմարվում էին Կովկասի շղթայաշար լեռները՝ իրենց կոհակավետ գագաթներով՝ որոնք դեռևս ծածկված էին ձյունի սպիտակ սավանով: Իսկ աջ կողմից տարածվում էր ծովը յուր անսահման ալիքներով, որոնք հեզիկ հովի առաջ անընդհատ ծփծփում և տատանվում էին հազիվ լսելի ճողփյուններով: Արեգակը պատրաստում էր արդեն յուր հրեղեն գունդը ևեռավոր լեռները ետքում ծածկելու և նրա վերջին ճառագայթները՝ անզոր այլևս մարդկանց աչքերը խտտղելու ոսկեզօծում էին միայն ծովի դալարագեղ ափերը և մեր նավի տախտակամածը, ուր անընդհատ վազվզում և անցուդարձ էին անում նավաստիները և ճանապարհորդները:

Այդ ժամանակ ես կանգնած էի նավի ետևում, ուր սովորաբար ծածանում է եռագույն դրոշակը, և երեսս դեպի նավի ցռուկը դարձրած զմայլմամբ դիտում էի Կասպյան ծովակի հոգվույն. նավը սլանում էր, և ես հետզհետե խորասուզվում էի հեռու հեռու հնադարյան անցյալի մեջ, երբ մարդկային կյանքը դեռ այս քան կերպարանափոխված չէր, երբ լուսավորությունը դեռ չէր հղացել յուր հրաշալիքները և ծովի ալիքների մեջ դեռ չէր վառվում Հեփեստոս հնոցը, որը այսօր յուր հսկայական և սոսկալի ուժով հաղթահարում է ծովի կատաղությունը և տիրում Պոսիդոնի ժառանգական թագավորությանը... Ես հոգվով սլանում էի դեպի այն երանելի ժամանակները երբ մեր առաջ տարածվող այս կուսական ափանց վերա ապրում էր մի նահապետական ժողովուրդ, ասպետական սրտի տեր, բռնության անսովոր և աշխատության սիրահար, մի ժողովուրդ, որ չէր ճանաչում թշվառությունը և չէր ստեղծում նրան, որովհետև շատանում էր յուր պարզ և անպաճույճ կյանքով... նրա տղամարդիկ հերկագործում էին իրենց դաշտերը և սևաչյա կանայք դալարագեղ հովիտների մեջ իրենց խաշներն էին արածացնում, նրա քաջ երիտասարդներ ուրախ և անհոգ որսում էին լեռների վերա, և գեղանի աղջկունք՝ գետափանց մոտ դեգերելով՝ երգում էին նրանց: Հին լեռնականների երկիրը և՛ խաղաղ, և՛ գեղեցիկ էր... բայց լուսավորությունը ո՞ր բնական գեղեցկությունը չէ աղավաղել, երբ նա բնության այդ ստեղծագործության ձգտել է տիրապետել: Այսօր այստեղ սովորում են խոսել ապագայի վերա և դողդողալով հոգում էին վաղվան համար... Սեփականությունը վտանգվում է, խաղաղանիստ գյուղի խրճիթները էլ չեն ապահովում բնակիչների կյանքը և անցյալին ծանոթ ծերունիները սկսում են հառաչել...

Տակավին այս մտածմունքների մեջ էի, երբ մեր շոգենավը մի հանկարծական պտույտ արավ և բոլոր գեղեցիկ տեսարանները անհետացան իմ աչքից: Կանաչազարդ ափերի փոխարեն իմ առաջև բացվեցավ ծովի լայնատարած մակերևույթը յուր գեղածուփ կոհակներով: Մի րոպե ես այնպես կարծեցի, թե մինչև այն իմ տեսածները երազ էին: Բայց հենց որ երեսս դարձրի, ահա իմ առաջև նկարվեցան դարձյալ նույն գեղեցիկ տեսարանները և նրանց հետ միասին մի բարձրադիր բլրակի ստորոտում փոքրիկ ծովեզերյա քաղաքը յուր ձյունի պես սպիտակ տներով, որոնք արագ արագ մոտենում էին դեպի մեզ:

Հինգ րոպեից ետ նավը ծանրաքայլ մտավ նավահանգիստը: Ահագին խարիսխը, որ մինչև այն կախված էր շոգենավի ծայրից, մեծ դղրդյունով իջավ ծովը, ահաբեկելով նրա. համր բնակիչներին: Սրան հետևեց շոգեմեքենայի սուր հնչյունը, և նավի ամեն խորշերից դուրս թափվեցան ճանապարհորդները: Սկսավ մեծ շարժումն: Նավաստիներից ոմանք, անընդհատ վազվզում էին աջ ու ձախ. ուրիշները կապկի նման մագլցելով սուրում էին պարանների վերա և ուղղաձիգ կայմի ծայրը բարձրանալով՝ պրկում կամ թուլացնում էին նրանց, մի քանիսը տախտակամածի բարձրավանդակը թռչելով իջեցնում էին ծովի մեջ փոքրիկ նավակները, և մի ուրիշ խումբ զբաղված էր ճանապարհորդների իրեղենները զատելով և բաժանելով:

Մի քանի րոպեի մեջ շոգենավը շրջապատեցին բազմաթիվ նավակներ, գույնզգույն խելերով և թիակներով: Երկաթե սանդուղքները, որոնք մինչև այն ամրացած էին նավի կողերի վերա, ճռնչալով դեպի ծովը կախվեցան: Ճանապարհորդները իրենց իրեղենները վերցրած շտապում էին միմյանց ետևից նավակների մեջ մտնելու: Իսկ ես դեռ կանգնած նավի ելքի մոտ անխոս և անշարժ դիտում էի այդ մարդկանց շարժումները: Նրանք նմանում էին շատ տարիներով բանտի մեջ փակված գերիների, որոնց մի գթասեր իշխանի ձեռքը վերջապես ազատություն է տալիս:

Բ

ՊԱՏԵՐ- ՍԻՄՈՆԸ

Մի քանի րոպե չանցած արդեն ամեն ոք նավակ էր վարձել քաղաք դուրս գալու համար, բայց ես շվարած չգիտեի ինչ պետք էր անել: Ես առաջին անգամն էի ծովով ճանապարհորդում և մանավանդ անծանոթ էի այս քաղաքին, չնայելով որ յոթ տարիներից ի վեր բնակվում էր այստեղ իմ քույրը, որին ես առաջի անգամ գնում էի այցելության:

— Դուք չե՞ք կամենում քաղաք դուրս գնալ, — հնչեց ետևիցս մի հաստ և խռպոտ ձայն: Ես իսկույն հետ դարձա և տեսնում եմ երկար լողիկով, լայն շրջանավոր գլխարկով և սափրված ընչացքով ու ծնոտով մի հաղթանդամ և բարձրահասակ մարդ, որ յուր պայուսակը և մի քանի փոքրիկ կապոցներ ձեռքն առած, պատրաստվում էր երկաթե սանդուղքից դեպի սպասող նավակը իջնելու: Ես փոխանակ պատասխանելու սկսա հետաքրքրությամբ նայել նրա տարօրինակ հագուստի և դեմքի վերա: Առաջինը նմանում էր մեր քահանաների հագուստին, բայց նրա դեմքը բոլորովին հակապատկերն էր ներկայացնում:

— Դուք չե՞ք պատասխանում, — կրկին հարցրեց տարօրինակ դեմքով և հագուստով մարդը:

— Ինչպես չէ, պետք է դուրս գնամ, — պատասխանեցի ես:

— Ուրեմն շտապենք, միայն մի նավակ է մնացել, — հարեց նա և առաջ անցավ:

Ես հետևեցի նրան և երկուսս միասին իջանք նավակը:

— Ամենից առաջ ես կամենում եմ ձեզ հետ ծանոթանալ, կշնորհե՞ք ինձ ձեր անունը, — հարցրեց անծանոթը, երբ մենք մեր իրեղենները տեղավորելով նստանք նավակի մեջ:

— Արամ Բյուրատյան, — պատասխանեցի ես և սպասում էի, որ ինքն էլ յուր անունը հայտներ, բայց նա բոլորովին ուրիշ կերպ սկսավ յուր խոսակցությունը:

— Շատ լավ, շնորհակալ եմ. ուրեմն Արամ Բյուրատյան, կաշխատեմ չմոռանալ: Բայց գիտե՞ք ինչ ցավալի բան պատահեց շոգենավում:

— Ոչինչ չգիտեմ, — պատասխանեցի ես և սկսա հետաքրքրությամբ լսել նրան:

— Զարմանալի բան պատահեց:

Ես փոքր ուշացա այնտեղ, և կարծում էի, թե այլևս նավակ

չեմ գտնիլ քաղաք դուրս գալու համար և կամ միայնակ մնալով թանկ կվճարեի նավակին. բայց ինչպես երևում է սուրբ Տիրամոր աչքը քաղցր է յուր ծառայի վերա նա ձեզ նման մի բարի երիտասարդին ընկեր տվավ ինձ:

Ես տեսա որ իմ անծանոթը բնական դրության մեջ չէր, բայց ցանկանալով մի բանով վարձատրել նրա հաճոյախոսությունը մեքենայաբար հարցրի.

— Ինչո՞ւ համար էիք ուշացել շոգենավում:

— Օ՛, դրա պատմությունը խիստ հետաքրքիր է. ես իսկույն կասեմ ձեզ: նավապետը առանձին ճաշ էր պատրաստել յուր սենյակում և ինձ հրավիրել էր: Մենք շատ լավ ճաշեցինք, պետք է խոստովանել, և շատ երկար նստանք սեղանի շուրջը: Երևակայեցեք. ժամը մեկից սկսած մինչև այժմ մենք խմում էինք, և գիտե՞ք որքան շատ խմեցինք.., Օ՛, երևակայել չեք կարող: Շա՛տ պատվական մարդ է նավապետը, դուք ծանո՞թ եք նրա հետ:

— Ո՛չ, — պատասխանեցի ես:

— Ափսո՛ս, շատ ցավում եմ, պետք է որ ծանոթանայիք. նա շատ պատվական մարդ է և զարմանալի հյուրասեր: Գիտե՞ք. նա յուր մառանի ամենալավ գինին էր հանել ինձ համար, և ի՞նչ գինի, կարո՞ղ եք միթե երևակայել: Ես նրան ասում եմ, Իվան Պավլովիչ, շատ մի խմացնիր ինձ, ես կարող եմ հարբել և նավակից գլորվիլ ծովի մեջ, բայց նա այս խոսքի վերա ծիծաղից թուլանում է և անդադար նեկտարը լցնում է բաժակիս մեջ: Իհարկե, նա գիտեր, որ ես հարբողը չեմ, բայց ինչ որ էլ որ լինի, հոգևորականը մի քիչ չափավոր պետք է լինի արբեցության մեջ, այնպես չէ՞:

Վերջին խոսքերը, որ նա շատ ցած և խորհրդավոր ձայնով արտասանեց, ինձ զարմացրին:

— Ինչպե՞ս. մի թե դուք հոգևորական եք, — շտապով հարցրի ես:

— Իհարկե, մի՞թե դուք չգիտեիք: Ես քահանա եմ, և ինձ անվանում են պատեր — Սիմոն:

— Քահանա՞... — զարմացմամբ հարցրի ես և աչքերս սևեռեցի նրա դեմքին:

— Իհարկե քահանա, միթ՞ե չեք տեսնում, հա՛, հա՛, հա… և սկսավ նա այնպես բարձր ձայնով ծիծաղել, որ նավաստին ետ շրջվեցավ և մի րոպե թիակները անշարժ թողնելով սկսավ մեծ մեծ աչքերով նայել տարօրինակ քահանայի վերա:

— Ի՞նչ բանի ես նայում, ապուշ, — գոռաց նրա վերա պատեր — Սիմոնը, — թիակներդ շարժի՛ր, ամբողջ երկու ժամ հո մեզ չի պիտի պահես ջրի մեջ:

Նավաստին հետ դարձրեց երեսը և սկսավ արագ արագ շարժել յուր թիերը:

— Ներեցեք ինձ, տե՛ր — հայր, միթե…

— Ամենից առաջ թույլ տվեք նկատել, — ընդհատեց ինձ պատերը, — որ ինձ տեր՛ — հայր կանչելու իրավունք ունիք, այդ անունը տալիս են հայոց քահանաներին, իսկ մեզ հետ խոսում են «պատվելի» տիտղոսով:

— Բայց դուք էլ հայերեն եք խոսում…

— Այդ ապացույց չէ, որ ես էլ ուրեմն հայոց քահանա եմ: Ես… այո, ես քահանա եմ, բայց կաթոլիկների քահանա, այսինքն ավելի մեծ եկեղեցվո պատկանող: Դեհ, այժմ ասացեք, ի՞նչ էիք ուզում հարցնել:

— Ես ուզում էի հարցնել, թե մի՞թե անմորուք և առանց ընչացքի քահանա կա աշխարհում, (խոստովանում եմ, ես այն ժամանակ դեռ այդ չգիտեի, որովհետև տեսած չէի):

— Օ՛, տղե՛տ, տղե՛տ, ինչե՞ր է հարցնում, հա՛, հա՛, հա՛…

Եվ այս անգամ պատվելին այնպես թուլացավ ծիծաղից, որ ստիպվեցավ երկու ձեռքով յուր տակառանման փորը բռնելու, կարծես նրա հանկարծական պայթումից վախենալով:

Ես մնացել էի ապշած, բայց մի դեպք հանկարծ իմ ծիծաղն էլ շարժեց: Պատեր-Սիմոնը, որ սաստիկ ծիծաղելուց թեքվել էր մեջքի վերա, կորցնելով յուր շոգելից գլխի հավասարակշռությունը, կքեց նրան դեպի ծովը և յուր լայն շրջանավոր գլխարկը ընկավ ջրի մեջ:

— Սպասի՛ր, սպասի՛ր. ապո՛ւշ, անասո՛ւն, — սկսավ նա բարկանալ և գոռալ նավաստիի վերա, որը աչքը ափին տնկած անընդհատ առաջ էր վարում մակույկը, — սպասիր գլխարկս վերցնեմ, գլխարկս... — Այս ասելով նա պատրաստվում էր կարծես մակույկից դուրս թռչելու և ալիքների վերա սուրալով յուր գլխարկը բռնելու, որին փոքրիկ կոհակները հեռացել էին իսկույն:

Նավաստին հետ նայեց և տեսնելով պատվելիի գլխարկը ալիքների վերա՝ չկարողացավ յուր ծիծաղը զսպել:

— Դու՞ էլ ես ծիծաղում, անզգամ, — գոչեց վայրենի ձայնով պատերը և հարձակվեցավ նավաստիի վերա. բայց վերջինս չգիտեմ ինչ մի ճարպիկ հարված տվավ ալիքներին, որ նավակը սաստիկ երերաց և պատվելին, որ առանց այն էլ ուղիղ կանգնելու ընդունակությունը Բաքոսին էր նվիրել, կորցրեց յուր հավասարակշռությունը և գլորվեցավ նավակի մեջ:

Այժմ ծիծաղից թուլանալու հերթը ինձ հասավ:

Նավաստին արագությամբ դարձրեց նավակը և հասնելով ապստամբ գլխարկին՝ հափշտակեց նրան թիակի ծայրով և. տվավ պատվելիին, որը արդեն ընկած տեղից բարձրացել և զայրացած դեմքով նստել էր յուր նստարանի վերա: Բայց ըստ երևույթին նա ինձանից ավելի է վշտացած, քան նավաստիից, թեպետ երկուսս էլ ոչնչով մեղավոր չէինք յուր գլխարկի ապստամբության գործում: Այսուամենայնիվ պատվելին էլ կամեցավ շարունակել ինձ հետ յուր խոսակցությունը և դեմքը դեպի շոգենավը դարձնելով սկսավ նավապետի սենյակում յուր կիսատ թողած շիշերը երազել:

Ճշմարիտը խոստովանած, ուրիշ անգամ այս տեսակ մի անծանոթ անձնավորությունը ինձ կհետաքրքրեր. և որքան էլ անբնական դրության մեջ լիներ նա, դարձյալ ես չէի թողնել նրան, մինչև որ իմ մանրակրկիտ հարցուփորձով չտեղեկանայի նրա ո՞վ և ո՞ր տեղացի լինելը, ո՞ր քաղաքից և ի՞նչ գործով այստեղ գալը, ի՞նչ գաղափարների և համոզմանց տեր լինելը և այլն, և այլն: Բայց այս անգամ ես բավականացա միայն իմանալով, որ նա մի լեհ կաթոլիկ քահանա է և որ նրան անվանում են պատեր — Սիմոն: Էլ ուրիշ ոչնչով չհետաքրքրվեցա, որովհետև նույն րոպեին ինձ ուրիշ մարդիկ էին զբաղեցնում, որի համար և առիթ էի պտրում քաղցվալից ընկերոջս շաղակրատությունից ազատվելու:

Ուստի երբ նա լռեց, ես էլ գոհ սրտով դարձրի երեսս հակառակ կողմը և անուշադիր դեպի նրա գոյությունը սկսա այն մտածմունքներով զբաղվիլ, որոնք նույն րոպեին քաղցրացնում էին իմ կարճ, բայց անհանգիստ ճանապարհորդությունը

Գ

ԱՌԱՋԻՆ ՀԱՅԱՑՔԸ

Նավակը փոքր առ փոքր մոտենում էր ափին, սիրտս կամացուկ սկսում էր տրոփել, և մի անհանգստացնող ուրախություն հետզհետե լցվում էր նրա մեջ: Ես մտածում էի, որ ահա մի քանի րոպեից հետ պիտի տեսնեմ իմ քրոջը, որին այնքան սիրում էի, բայց որին յոթ երկար տարիներից ի վեր տեսած չէի: Ո՛չ հեռավորությունը և ո՛չ տարիների անջրպետը չէին բաժանել մեր սրտերը միմյանցից, ընդհակառակը, երկարամյա կարոտը ավելի զգայուն և ավելի խանդակաթ էր դարձրել նրանց: Օ՛, որքա՜ն քաղցր, որքա՜ն գողտրիկ և մանավանդ թե որքա՜ն անկեղծ է այն սերը, որ կապում է միմյանց հետ մի քույր և եղբայր... Եվ ով չէ ունեցել այդ սերը, նա չէ վայելել կյանքի ամենաքնքուշ քաղցրություններից մինը — հարազատության քաղցրությունը: Այն մի քանի րոպեները, որոնք բաժանում էին ինձ իմ քրոջից, մի մի ժամերի չափ երկարում էին ինձ համար: Ես գիտեի, որ միևնույն անհանգստությամբ սպասում էր նա ինձ, ըստ որում առաջուց դիտեր իմ գալուստը, գիտեի, որ ափին մոտեցող յուրաքանչյուր նավակը անշուշտ թունդ է հանում նրա սիրտը:

Հիսուն քայլ հազիվ էր մնացել, որ մենք ափը իջնեինք: Այն տեղի վերա, ուր դիմում էր մեր նավակը, ժողովված էր կանանց և մարզիկների մի բազմություն: Ըստ երևույթին նրանցից ոմանք եկել էին իրենց բարեկամներին դիմավորելու, իսկ ուրիշները, լոկ հետաքրքրությամբ կամ, շոգենավի գալուստը տեսնելու... Ես հեռվից սկսա որոնել իմ քրոջը, բայց այն բազմության մեջ անհնար եղավ ինձ ճանաչել նրան:

Վերջապես նավակը մոտեցավ ափին, ես դուրս ցատկեցի ավազի վերա և հենց պատրաստվում էի պայուսակս վերցնել հանկարծ տեսի, որ մի նորատի տիկին կանանց միջից դուրս վազեց և «եղբայրս...» ճչալով դիմեց գրկաբաց դեպի ինձ և պլլվեցավ իմ պարանոցին: Նա իմ քույրն էր, ես իսկույն ճանաչեցի, նա շատ քիչ էր փոխվել: Երկար մենք չկարողացանք ասել միմյանց հետ. մենք գրկվում, համբուրվում և ուրախությունից արտասվում էինք... Սա այն վայրկյաններից մինն էր, երբ մարդ մոռանում է վշտերի գոյությունը և ամբողջապես հոգիանալով՝ լուծվում է հրճվանքի և երջանկության մեջ...: Տխրությունը յուր սև պատկերով չքանում է նրա աչքերից. մարդկանց դեմքերը էլ չարություն չեն արտահայտում, ամեն կողմ տիրապետում է բերկրանք և ուրախություն, և բոլոր շրջապատող առարկաները ժպտում են նրան... Ահա այստեղ է զգում մահացուն կյանքի քաղցրությունը, այստեղ է նա ճանաչում կյանքի հրապույրները:

Վերջապես մոտեցավ ինձ իմ փեսան, որը մինչև այն տեղի էր տվել իմ քրոջ զգվանացը, գրկեց և համբուրեց ինձ և ապա կառք կանչելով հրավիրեց ինձ նստել տուն գնալու համար:

Մինչև այն ես գրեթե մոռացել էի իմ ընկերոջը՝ պատեր — Սիմոնին: Երբ ուղղվեցի դեպի կառքը, հանկարծ աչքիս զարկավ նրա լայն շրջանավոր գլխարկը և սափրած ծնոտը: Նա կանգնած էր մի քանի քայլ մեզանից հեռու շրջապատված կանանց ու աղջիկների մի փոքրիկ խմբակով: Պատեր — Սիմոնը այնպիսի մի համեստ և պատկառելի կերպարանք էր առել, որ ես մի վայրկյան վարանեցի ընդունել նրան իմ արբած ընկերոջ տեղ, և սկսա զննել նրան: Նա քնքշաբար ողջունում էր յուր շրջապատողներին, հարցնում էր նրանց և իրենց ընտանիքների առողջությունը, իսկ յուր ձեռքերը համբուրող մի երկու փոքրիկներին փայփայում և օրհնում էր: Երբ կառքը նստանք, ես պատրաստվում էի հարցնել իմ փեսային թե ո՞վ էր արդյոք այս պատերը և ի՞նչ գործ ուներ նա այս քաղաքում,բայց մի ուրիշ ավելի հետաքրքիր անձնավորություն գրավեց իմ ուշադրությունը:Սա մի գեղեցկահասակ,սիրուն դեմքով, մեծ և սևորակ աչքերով աղջիկ էր, որ պատերին շրջապատող խմբակից դուրս գալով մոտեցավ մեր կառքին և շնորհալի ու ժպտադեմ դիմեց քրոջս, «Շուշան, թույլ տուր, որ ամենից առաջ ես շնորհավորեմ քեզ եղբորդ գալուստը»: Այս ասելով սեղմեց քրոջս ձեռքը և գլխի թեթև շարժումով ողջունեց փեսայիս և ինձ:

Քույրս հայտնեց նրան յուր շնորհակալությունը: Ես սպասում էի, որ նա գեղեցիկ աղջկա հետ էլ կծանոթացներ ինձ, բայց նա այդ չարավ, և երևի իմ ցանկությունը գուշակելով, ասաց.

— Ես քեզ չեմ ծանոթացնում իմ եղբոր հետ, ես կսպասեմ քո այցելությանը:

— Ուրախությամբ, — պատասխանեց գեղեցիկ աղջիկը և շնորհալի ժպիտով մեզ ողջունելով հեռացավ, նրա վերջին հայացքը հանդիպեց իմ աչքերին, բայց մեր կառքը արդեն հեռանում էր...

— Ինչո՞ւ չհրավիրեցիր օրիորդին մեզ հետ կառք նստելու, — հարցրեց փեսաս քրոջս:

— Նրա մայրը այստեղ էր, նա նրան միայն թողնել չէր կարող, — պատասխանեց քույրս և սկսավ կրկին զբաղվել ինձմով: Առաջին տեսակցությունից նա յուր կարոտը դեռ չէր առել, նա ուզում էր խոսել ինձ հետ, հարցափորձել ինձ. և որքան շատ բաներ ունեինք մենք միմյանց հաղորդելու:

Բայց գեղեցիկ աղջկա անձնավորությունը նույնպես սկսավ հետաքրքրել ինձ:

— Ո՞վ էր այդ աղջիկը, — հարցրի քրոջս:

— Դա օրիորդ Լուսինյանն է:

— Ինչպե՞ս է նրա անունը:

— Մարգարիտա, — պատասխանեց քույրս և ապա ժպտալով նկատեց, — ըստ երևույթին իմ բարեկամուհին քեզ շատ է հետաքրքրել, լավ, ես վաղը կծանոթացնեմ քեզ նրա հետ:

Քրոջս այս խոստումը ինձ անհաձո չթվաց, և ես նրան հայտնեցի իմ անկեղծ շնորհակալությունը, որը բավական զվարճացրեց իմ բարի փեսային:

Դ

ԻՄ ՔՐՈՋ ՏԱՆԸ

Շուտով մենք հասանք տուն: Քույրս յուր բոլոր քնքշությունները ժողովել էր ի մի՝ ինձ յուր տան մեջ տեսնելու համար: Նա ուրախությունից չգիտեր ինչ աներ: Կամ ծառային էր պատվերներ տալիս այս ու այն բանը ինձ համար պատրաստելու, կամ աղախնին էր հրամայում ինձ սպասավորելու, և կամ նրանց վերա չվստահանալով այս ու այն կողմն էր վազվզում անձամբ իմ հաճույքները կատարելու, հաճույքներ, որոնց ես չէի արտահայտում, բայց ինքը յուր երևակայության մեջ ստեղծում էր ինձ համար: Վերջապես նա ինձ տարավ յուր լվացարանի մոտ և ներքնատանից յուր ձեռքով հանած թարմ և ցուրտ ջրով ստիպեց ինձ լվացվելու: Ապա պայուսակս բանալով հանեց ինձ համար նոր հագուստներ և ինքը շտապեց իմ մյուս պետքերը հոգալու, որոնք նրա կարծիքով բազմաթիվ էին:

Երբ ես արդեն հագնվել էի, ներս մտավ փեսաս և հրավիրեց ինձ տան պատշգամբ թեյ խմելու: Մենք միասին դուրս գնացինք: Բայց մինչև որ քույրս մեզ կընկերանար, ես կամեցա նրա տունը հետազոտել, ուստի փեսայիս հետ միասին սկսեցի ամեն կողմ շրջակայել:

Քրոջս տունը, որ յուր ամուսնու սեփականությունն էր: գտնվում էր քաղաքի առաջին փողոցի վերա ծովափի մոտ: Նա մեծ չէր, բայց պարունակում էր յուր մեջ մի համեստ ընտանիքին անհրաժեշտ բոլոր բաժանմունքները: Մի չափավոր մեծությամբ դահլիճ, որը միևնույն ժամանակ և նրանց ընդունարանն էր, մի սեղանատուն, երկու ննջարաններ և մի գրասենյակ, իրենց նախասենյակով, խոհանոցով, երկու ներքնատներով և ոչ ընդարձակ բակով կազմում էին այդ տան ամբողջությունը: Ընդհանուր հայացքով այդ տան շինությունը շքեղ և զարդարուն չէր, բայց պարզ էր և վայելուչ: Նրա արտաքին գեղեցկությունը կազմում էին յուր ձյունի պես սպիտակ պատերը՝ իրենց ընդարձակ և լուսավոր պատուհաններով և երկու փոքրիկ երկնագույն պատշգամբներ՝ շինված տան երկու հակադիր ճակատների վերա, որոնցից մեկը նայում էր ուղղաձիգ փողոցի, իսկ մյուսը ծովի և նավահանգստի վրա: Տան թե դրսում և թե ներսում տիրում էր միօրինակ մաքրություն: Բակի մեջ չէր նշմարվում ոչ մի խռիվ, քարի կամ աղյուսի կտոր, ամեն բան յուր տեղում, ամեն ինչ կանոնավոր: Սենյակները կանոնավորված էին պատշաճավոր կարասիքներով առանց շռայլության և առանց գծուծ խնայողության: Այն պարզ զարդարանքները, որոնք մի տան տիկին կարող է պատրաստել, դրսից չէին հայթայթված: Վարագույրներ, սեղանի սփռոցներ, օթոցների և բարձերի երեսկալներ և այլ առտնին պաճուճանքներ բոլորք քույրս յուր ձեռքով էր կարել կամ ասեղնագործել, առանց այդ ամենի համար յուր ամուսնու բյուջեն ծանրաբեռնելու: Մինչդեռ ես հյուրասենյակի մեջ զննում էի իմ քրոջ ձեռագործները նա ներս մտավ:

— Որքա՜ն գեղեցիկ ձեռագործներ ունիս դու, քույրիկս, — բացականչեցի ես դիմելով դեպի նրան, — ես բոլորովին հիացած եմ:

— Ճշմարի՞տ, դու չե՞ս շողոքորթում, — ժպտալով մոտեցավ նա ինձ և քնքշաբար յուր թևը պարանոցս պատելով նայեց իմ աչքերին այնքան բարի և այնքան ուրախ հայացքով, որ կարծես յուր դեպի ինձ ունեցած խանդաղատանքը կրկնապատկվում էր իմ նրան ուղղած մի երկու գովասանական բառերով:

— Շողոքորթե՞լ, ինչու համար, մի՞թե ճշմարտությունը ասել նշանակում է շողոքորթել, — պատասխանեցի ես, ցանկանալով այս խոսքերով ավելի ևս գոհացնել նրան:

Եվ իմ պատասխանը արդարև մեծ ուրախություն պատճառեց քրոջս: Նա սկսավ մի առ մի ցույց տալ ինձ յուր տնտեսական հեղինակություններից և ուրիշ շատ բաներ, որոնք մինչև այն ես տեսած չէի, և պատմել մինչև անգամ նրանց ամեն մեկի համառոտ պատմությունը: Ես մեծ գոհունակությամբ լսում էի քրոջս և զվարճանում, որովհետև պարծենալու այդ անմեղ ցանկությունը ոչ միայն բնական էի գտնում նրա մեջ, այլև ինքս իրավունք էի տալիս նրան պարծենալու:

Կան մարդիկ, որոնք չափից դուրս խստապահանջ են և չնայելով, որ ապրում են այնպիսի մի ժամանակում, երբ պարտք ճանաչելն ու կատարելը ոչ միայն թուլության նշան է համարվում, այլև ծաղրու առարկա է դարձած, այսուամենայնիվ պահանջում են, որ պարտաճանաչ մարդը զրկվի մինչև անգամ այն փոքրիկ մխիթարությունից, որը նա ստանում է յուր շրջապատողների խրախույսներից: «Այդ մարդը միայն յուր պարտքն է կատարել» ասում է խստասիրտ բարոյախոսը և զայրանում է՝ երբ լսում է նրա մասին գովություններ, որոնք յուր կարծիքով ավելորդ բաներ են: Բայց չէ՞ որ խավարի մեջ ծաղիկներ չեն աճում և ծայրահեղ համեստության ներքո թառամում է ճշմարիտ առաքինությունը: Քանի որ արեգակի տակ հավասար իրավունքներով են օդ շնչում հոգածուն և անհոգ մարդը, աշխատավորը և հափշտակողը, խնայասերը և շռայլողը, գոնե մարդիկ այնքան խելք և սիրտ պիտի ունենան, որ բնության այդ անիրավ հավասարասիրտությունը չափավորեն, տալով «որում զհարկս հարկս և որում զպատիւ՝ պատիւ»:

Ահա հենց այս տեսակետից նայելով ես այն կարծիքին եմ, որ թույլ բնավորությունները մանավանդ, որպիսիք են կանանցը, պետք ունին ավելի քաջալերության և խրախուսանքի, երբ նրանց մեջ երևան է գալիս գործունեության ուժը և պարտաճանաչության այլայլունավոր զգացմունքը: Այն կինը, որ ըմբռնում է յուր կոչումը և բարձր է պահում նրան — արժանի է հարգանքի և քաջալերության, իմաստակ անտարբերությունը կարող է վհատեցնել նրան, իսկ մի վհատյալ կինը անպետք է իր ընտանիքի համար:

Պարզ է ուրեմն, թե ինչու համար ես ուրախանում էի քրոջս աշխատասիրությունը տեսնելով և թե ինչու ես իրավունք էի տալիս նրան պարծենալու յուր պարտաճանաչ տանտիկնությամբ:

Բոլոր տունը շրջագայելուց հետ մենք դուրս եկանք այն պատշգամբը, որը նայում էր ծովի և նավահանգստի վերա: Այստեղ մաքուր սփռոցով ծածկված սեղանի վերա արդեն պատրաստ էր փայլուն ինքնաեռը, թեյի բոլոր պարագաներով: Քույրս իսկույն ձեռք առավ յուր պաշտոնը մի առանձին ուրախությամբ և հրճվանքով: Նրա շրթունքների վերա ամբողջ ժամանակ փայլում էր մի քաղցր ժպիտ, որ նշան էր յուր սրտի անսահման գոհունակության: Իսկ իմ բարի Փեսան, որ շատ քիչ բան էր կարդում յուր կնոջ հայացքների մեջ, և իբր այր մարդ, ընդունակ չէր նույնչափ քնքշությամբ յուր սրտի ուրախությունը արտահայտելու, շատանում էր միայն զանազան ծառայություններ անելով ինձ: Նա ինքն էր անձամբ թեյ բերում ինձ համար, ինքն էր առաջարկում կաթ կամ սեր և ընտրելով շաքարահացերից լավագույնները անընդհատ հրամեցնում ինձ: Այդ միջոցին ես վայելում էի կենցաղասեր մարդկանց սիրելի բոլոր զգանքները, իրենց կատարյալ քաղցրություններով:

Արեգակը արդեն մայր էր մտել և երեկոն կամաց կամաց տարածում էր յուր գորշագույն մթությունը: Մի քաղցր հովիկ շարունակ փչելով ծովի կողմից դեպի մեզ խիստ ախորժելի էր կացուցանում ամառային երեկոն, իսկ լուսնի եղջյուրը, որ արդեն բարձրացել էր երկնակամարի վերա, ուղղակի նայում էր դեպի մեզ և ձրի լուսավորություն էր խոստանում մեր պատշգամին:

Այժմս արդեն հանգիստ զրուցատրության ժամանակն էր: Քույրս և փեսաս սկսել էին սովորական հարցափորձը, ե՞րբ արդյոք դուրս եկա տնից, քանի՞ օր ճանապարհորդեցի. արդյոք չհիվանդացա կամ մի որևէ վտանգ չպատահե՞ց ճանապարհին: Հետո թե ի՞նչպես էր մայրս, առո՞ղջ էին մեր երեխաները, ո՞րչափ են մնացել նրանք, ի՞նչ ապսպարեցին ինձ իրենց հաղորդելու համար. և կամ ի՞նչ են շինում մեր մյուս ազգականները, հորաքույր, մորաքույր, նրանց աղջկերքը, տղաները, արդյոք բոլորն էլ առո՞ղջ են. բոլորն էլ լավ ապրում են. վերջապես թե ո՞վ ինչպես պսակվեց, ո՞վ ինչ զավակ ունի, ո՞վ Աբրահամու գոգը գնաց և այլն, և այլն, և այլն:

Այս բոլոր հարցերին ես մի առ մի պատասխանում էի՝ աշխատելով որքան կարելի է տխուր կամ անմխիթարական ոչինչ չհաղորդել: Որովհետև թեպետ իմ հայրենիքում շատ բան իմ պատմածներից տարբեր դրության մեջ էր գտնվում, սակայն ես չէի կամենում իմ տխուր հայտնություններով խանգարել այն ուրախությունը, որ նույն միջոցին տիրում էր իմ քրոջ ընտանիքում, ճշմարիտ խոսելու համար ես դեռ ժամանակ շատ ունեի:

Գիշերից մի քանի ժամ արդեն անցել էր, երբ ես իմ համարատվությունը վերջացրի, և բոլորս միասին ընթրիքի նստանք: Այստեղ արդեն մեր խոսակցությունը ոչինչ կապ չուներ յուր մեջ. մենք խոսում էինք ամեն բանից և կերակրից, և՛ ծառաներից, և՛ դրացիներից, և կամ կատակներ էինք, անում, երգում էինք և ծիծաղում: Միայն ընթրիքի վերջում չգիտեմ ինչպես պատահեց, որ մենք դարձյալ հիշեցինք օրիորդ կոլսինյանին և մի փոքր ժամանակ էլ նրա անվանը նվիրեցինք մեր խոսակցությունը: Թեպետ ես կկամենայի ավելի երկար զբաղվիլ այդ վերջին զրուցատրությամբ, որովհետև զգալի կերպով հետաքրքրել էր ինձ այդ օրիորդի անձնավորությունը, բայց որովհետև ճանապարհի հոգնածությունից արդեն ծանրանում էին իմ աչքերը, ուստի բարի գիշեր մաղթելով սեղանակիցներիս խույս տվի ինձ համար պատրաստված ննջարանը իմ բախտը Մորփեոսին հանձնելու համար:

Ե

ՆՈՐ ԾԱՆՈԹՈՒԹՅՈՒՆՆԵՐ

Հետևյալ առավոտ ես շատ ուշ զարթեցի: Քույրս ինձ հայտնեց, որ այդ օրը մենք հրավիրված էինք քաղաքից դուրս ոչ շատ հեռու գտնվող այգիներից մինում ճաշի, և պետք է շտապեինք ըստ սովորության մի փոքր վաղ այնտեղ գտնվելու: Այդ լուրը ինձ ուրախացրեց, որովհետև ես սիրում էի բացօթյա զվարճությունները, բայց ավելի մեծ եղավ իմ ուրախությունը, երբ իմացա, որ մեզ հրավիրողը Լուսինյանների ընտանիքն է:

— Այսօր Մարգարիտայի ծննդյան օրն է, — ասաց քույրս, — այդ պատճառով և նրա ծնողները ըստ սովորության ճաշկերույթ են պատրաստել իրենց սեփական այգում:

— Ուրեմն այստեղ ուրիշ շատերը կլինին, — հարցրեցի ես:

— Գրեթե քաղաքիս մեջ գտնված հայ ընտանիքների մեծ մասը, — պատասխանեց քույրս, — այստեղ մեծ քաղաք չէ, այդ պատճառով էլ բոլորը գրեթե միմյանց հետ բարեկամական հարաբերություն ունին:

Ես իսկույն լվացվեցա և շտապ — շտապ սկսա հագնիլ: Երեկվա օրիորդի և նրա բարեկամների հետ մի ժամ առաջ ծանոթանալու փափագս այնքան մեծ էր, որ ես չուշանալու համար չէի կամենում մինչև անգամ մի բաժակ թեյ առնել: Բայց քույրս ստիպեց, որ ես անոթի դուրս չգամ տանից: Ես նրան հնազանդվեցա և հանգստություն կեղծելով դատարկեցի մի բաժակ: Կառքը արդեն պատրաստ էր, երբ մենք դուրս եկանք:

Իմ քրոջ տունը գտնվում էր գրեթե քաղաքի մի ծայրում, ծովափից ոչ շատ հեռու, այնպես որ նշանակյալ այգին հասնելու համար մենք պետք է ամբողջ քաղաքը պտտեինք: Այդ հանգամանքը օգնեց ինձ մի հարևանցի կերպով ծանոթանալ նրա դիրքի, տարածության և շինությունների հետ:

Այդ փոքրիկ քաղաքը գտնվում էր ծովեզրին շատ մոտիկ մի մեծ բլրի ստորոտում: Շինությունների մեծ մասը տարածված էր ծովեզրը պարփակող դաշտավայրի վերա, իսկ փոքր մասը գտնվում էր բլրի լանջերի և նրա բարձրավանդակի վերա: Քաղաքի տարածությունը մեծ չէր և ծածկված էր գեղեցիկ և աչքերը պարուրող կանաչությամբ: Փողոցները գրեթե ամեն տեղ էլ գեղեցիկ և լայն էին եզերված ուղղաձիգ ծառերով և ոչ շատ հարուստ, բայց կոկիկ և մաքուր տներով: Այստեղ չկար մեծ քաղաքների ո՛չ շշուկը, և ո՛չ խառնիճաղանձ անցուդարձը: Երևում էր, որ կարելի էր այս քաղաքում հանգիստ և սակավապետ կյանք վարել առանց դրացիների և դրացուհիների ծաղրի և բամբասանաց առարկա դառնալու:

Ամբողջ ժամանակ, որ մենք անցնում էինք քաղաքի միջով, ես զանազան հարցեր էի անում քրոջս և փեսայիս, և նրանք լիուլի գոհացնում էին իմ հետաքրքրությունը, ծանոթացնելով ինձ զանազան շինության, կրպակների և խանութների հետ և կամ պատմելով նրանց տերերին և առհասարակ մյուս քաղաքացիներին վերաբերյալ շատ հետաքրքիր բաներ:

Կես ժամ դեռ չէր անցել, որ մենք արդեն գտնվում էինք, քաղաքից դուրս, և մեր կառքը սլանում էր կանաչազարդ դաշտի մեջ. մի փոքր հետո նա սկսավ բարձրանալ սիզավետ բլրի վերա, որի ծայրը հասնելուն պես մեր առաջն բացվեցավ մի շարք գեղեցիկ այգիներ, որոնք գրաված էին բավական ընդարձակ տարածություն հանդիպակաց լեռան ստորոտի վերա:

— Ահա Լուսինյանների այգին, — մատնացույց արավ ինձ քույրս մոտիկ այգիներից մեկի վերա, — սա ամենից գեղեցիկն է, դու, անշո՛ւշտ, կհավանես նրան...

Բայց նա դեռ չէր վերջացրել խոսքը, երբ Լուսինյան հայր և աղջիկ դուրս եկան այգվո մեծ դռնից, նրանք հեռվից տեսնելով մեր գալուստը շտապել էին այգուց դուրս մեզ դիմավորելու:

Քույրս այդ ընտանիքի ամենասիրելի բարեկամուհին էր, այդ պատճառով նրանք ցանկացել էին ուրիշներից մի փոքր տարբեր եղանակով ընդունել մեզ: Սրտագին ուրախությամբ ողջունեցին մեզ հայր և աղջիկ: Քույրս ներկայացրեց ինձ նրանց, մենք ծանոթացանք և ապա բոլորս միասին խոսակցելով դիմեցինք դեպի այգին:

Պ. Լուսինյանը մոտ քառասուն և հինգ տարեկան միջին հասակով և առողջ կազմվածքով մի մարդ էր: Նրա դեմքը համակրական էր և ակնածելի, բայց ըստ երևույթին, անծանոթ կյանքի դառնություններին: Ճակատը պարզ և զվարթ իսկ գոհության ժպիտը չէր բաժանվում յուր շրթունքներից: Նա գտնվում էր մի տեսակ ուրախ անհանգստության մեջ և զանազան հարցերով անընդհատ դիմում էր մերթ ինձ և մերթ քրոջս ու փեսայիս:

Մտնելով այգին մենք անցնում էինք մի գեղեցիկ ծառուղիով, որին երկուստեք հովանավորում էին ուղղաձիգ ակացիներ բեռնավորված ձյունաթույր ծաղկափնջերով, որոնց անուշ բուրմունքը տոգորել էր ճեմելիքի ամբողջ տարածության օդը: Ճանապարհի երկու կողմից հոսում էին հեզասահ առուներ կանաչ դալարիներով եզերված, և նրանց ամբողջ երկարությամբ շինված էին մանր ու խոշոր ածուներ՝ ծածկված երփներանգ ծաղիկներով:

— Ինչպե՞ս եք հավանում մեր այգին, — հարցրեց ինձ վերջապես պ. Լուսինյանը, որ ըստ երևույթին ավելի վաղ էր սպասում լսել այդ մասին իմ կարծիքը:

— Պարոնը երևի այնքան շատ գեղեցիկ այգիներ է տեսել, որ մերը շատ հասարակ բան է երևում յուր աչքում, ընդհատեց հորը Մարգարիտան:

— Ընդհակառակը, օրիո՛րդ, ես առաջին անգամն եմ տեսնում այսքան գեղեցիկ ճաշակով տնկագործված մի այգի, ես հիացած եմ, նա կատարյալ բուրաստանի է նմանում, — պատասխանեցի ես:

— Այս բոլորը ես իմ ձեռքով եմ շինել, ինքնաբավական եղանակով հարեց պ. Լուսինյանը, — այս ածուները, այս բուրակները, այս փոքրիկ ուղիները, բոլորը, բոլորը իմ ձեռքով եմ ակոսել և կարգավորել: Մինչև անգամ այս կալմարները և այս փոքրիկ հովանոցները իմ ձեռակերտներն են, — շարունակում էր նա, հետզհետե հառաջանալով և ցույց տալով մեզ յուր ստեղծագործությունները, որոնք արդարև մեծ աշխատասիրության և նուրբ ճաշակի արդյունքներ էին: Երևում էր, որ պ. Լուսինյանը դաշտային աշխատանքներին սիրահար ոմն էր:

Շուտով մենք հասանք մի երկար և լայն ճեմելիքի, որը տանում էր մեզ դեպի այգվո տունը: Նրա երկու կողմից տնկված էին վարսազեղ ուռիներ՝ միամեջ շարված խաղողի որթերով, որոնց ճապուկ ոստերը փաթաթվելով ուռենիների կանաչ ճյուղերի հետ, կազմում էին մի գեղեցիկ և արեգակից անթափանց կամարակապ — ամբողջ ճեմելիքի երկարությամբ:

Երբ առաջին անգամ մենք ոտք դրինք այդտեղ, ես հիացմամբ բացականչեցի.

— Ահա հրաշալի գործ, սա գերազանցում է բոլորին:

— Այս ճեմելիքը շինված է Վատիկանի այգվո գլխավոր ճեմելիքի օրինակով, — նորեն խոսեց պ. Լուսինյանը, — այս օրինակը ես ինքս եմ Հռովմում նկարել և այստեղ բերելով շինել նրա նմանողությամբ այս կամարակապը և ճեմելիքը:

— Ինչպե՞ս, մի՞թե դուք Հռովմում եղել եք, — հարցրի ես:

— Այո, — ես այնտեղ մի ամբողջ ամիս մնացի:

— Բայց ինչու՞ համար էիք Հռովմ գնացել:

— Ճանապարհորդելու նպատակով, — հարեց իսկույն օր. Լուսինյանը, կասկածելով կարծես, որ յուր հայրը ինձ համար անախորժ մի խոսք կհաներ բերանից:

Պ. Լուսինյանը ոչինչ չխոսաց, բայց մի զարմացական հայացք ձգեց օրիորդի վերա, որով կարծես ուզում էր իմանալ սրանից թե՝ ինչու համար նա ծածկում է ճշմարտությունը:

Շուտով մենք հասանք այգվո տանը, որը մի գեղեցիկ և միահարկ շինություն էր, շրջապատված միակարգ հովանավոր ծառերով: Նրա առաջև շինված էր փոքրիկ կիսաբոլոր բուրաստան՝ ծածկված ծաղկեթուփերով և նրա մեջտեղը փոքրիկ ավազան սրբատաշ քարերից և սյունաձև շատրվանով:

Ոչ շատ ընդարձակ մի դահլիճի մեջ, որպիսին կվայելեր մի ամառանոցի տանը, վայելուչ հարգանքով ընդունեց մեզ տիկին Լուսինյանը:

Սա միջին տարիքով մի կին էր, առողջակազմ ինչպես յուր ամուսինը և հասակով գրեթե նրան հավասար: Բայց նրա դեմքը ավելի կայտառ և ավելի երիտասարդ էր երևում, ըստ որում տարիքը շատ փոքր էր ազդել յուր գեղեցկության վերա: Առաջին անգամից իսկ նրա քաղցր և ամոք հայացքի մեջ նկատեցի ես անսահման բարություն:

Ծանոթանալով ինձ հետ՝ տիկին Լուսինյանը ներկայացրեց ինձ և յուր հյուրերին, որոնք մեզանից առաջ էին եկել և ապա քրոջս հետ միասին ինձ էլ նստեցնելով յուր կողքին դիվանի վերա, սկսավ սովորական հարց ու զրույցը:

Ես, ինչպես նորեկ, ստիպված էի ամենից շատ խոսել, որովհետև ամենից ավելի ինձ էին հարցեր առաջարկում: Տիկին և պարոն Լուսինյանները արդեն ի պաշտոնե հետաքրքրվում էին իմ ընտանիքի և ազգականների առողջությամբ, կենցաղավարությամբ և նրանց վերաբերյալ ուրիշ հարցերով: Հյուրերից մի քանիսին էլ հետաքրքրում էին իմ հայրենիքի օդը, ջուրը, ապրուստի եղանակը, ընտանեկան սովորությունները և այլն, իսկ մի քանիսը իրենց քաղաքի մասին էին ինձ հարցեր առաջարկում, թե ո՞րքան եմ ես հավանում նրան կամ ո՞րքան եմ գերադասում իմ տեսած ուրիշ քաղաքներից:

Այս բոլոր հարցերին իհարկե պետք էր պատասխանել, և ես հնազանդվում էի իմ ճակատագրին:

Սուրճ առնելուց հետ տիկինը առաջարկեց յուր հյուրերին դուրս գալ այգիում շրջագայելու: Բոլորս ուրախությամբ ընդունեցինք այդ առաջարկությունը, ցանկանալով միջոց տալ տիկնոջը հսկել յուր հյուրասիրական պատրաստության:

Օրիորդ Լուսինյանը, որ չէր մասնակցում դահլիճի մեջ մեր խոսակցությանը, ընկերացավ ինձ և քրոջս պարտիզի մեջ զբոսնելու համար: Այդտեղ, նա ինձ ծանոթացրեց յուր երկու օրիորդ ընկերուհիների, այն է Վարվարա Միլիկյանի, Վարդուհի Մարանջյանի հետ: Նրանք երկուսն էլ բարեկազմ և գեղեցկադեմ աղջիկներ էին, մոտավորապես տասնութ և տասինը տարեկան: Վարվարա Միլիկյանը մի գնդապետի աղջիկ էր, և նրա հայրը ծառայում էր տեղական զորքերի մեջ: Իսկ Վարդուհի Մարանջյանը՝ սույն քաղաքի հայ քահանայի, երկուսն էլ բուն թիֆլիսցիներ:

Այժմ ես լավ ընկերություն ունեի և կարող էի մի քանի ժամ թե՛ ուրախ և թե՛ օգտավետ անցկացնել: Աղջկերանց ընկերությունը առհասարակ ախորժելի է ամենին. նույնիսկ մարդատյաց Կատոն պետք է որ նրանց մոտ մեղմեր յուր կոպտությունը, եթե երբևիցէ պատահել է նրանց հետ: Ինչ վերաբերում է ինձ, ես մտնելով այդպիսի ընկերության մեջ՝ ուրախանում էի ավելի նրա համար, որ առիթ էի ունենում կարելվույն չափ ուսումնասիրելու կնոջ — այդ խորհրդավոր արարածի բնավորությունները, բնավորություններ, որոնք ոչ միայն չեն ենթարկվում որոշ օրենքների, այլև քանդում են նրանց չշփոթելով ամենից փորձառու ուղեղներն անգամ: Այսպիսի զբաղմունքը ինձ չափից դուրս զվարճացնում էր:

Բայց հազիվ թե մենք մի քանի խոսք փոխանակեցինք միմյանց հետ և ահա օր. Լուսինյանը ստիպված էր մեզ թողնելու:

— Ներեցեք ինձ մի քանի րոպե, ես պետք է պատվելիին դիմավորեմ, հայրս երևի չէ տեսնում նրա գալուստը, — ասաց նա շառագունելով և շտապ — շտապ դիմեց դեպի Հռովմեական ծառուղին:

Ես առաջին անգամ լավ չհասկացա նրա խոսքերը, բայց նրա շառագունելը ինձ հետաքրքրեց: Մի քանի քայլ հառաջ անցնելով իմ ընկերներից ես նկատեցի իմ երեկվա տարօրինակ ծանոթին, սա պատեր — Սիմոն էր, որ ծիծաղադեմ և քաջալանջ դիմում էր դեպի օրիորդը:

Չգիտեմ ինչու համար այդ մարդու պատկերը, որ երեկ նավակում ինձ զվարճություն էր պատճառում, այսօր չափից դուրս հակակրական և ատելի երևաց: Մի ներքին նախազգացմունք վրդովեց իմ ուրախ տրամադրությունը:

— Սա ինչո՞ւ համար է այստեղ գալիս, — մի տեսակ տանուտիրական եղանակով հարցրի ես իմ ընկերուհիներից:

— Ի՞նչպես թե ինչու համար, նա հրավիրված է, — նկատեց քույրս:

— Ուրեմն Լուսինյանների հետ ծանո՞թ է:

— Նա նրանց քահանան է: Մի՞թե այդ չգիտեք դուք, — պատասխանեց օր. Մարանջյանը և ծիծաղեց:

— Վարդուհի, դու էլի՝ պատերի վերա ծիծաղում ես, և չե՞ս վախենում, — նկատեց օր. Վարվարան, և երկուսը միասին սկսան ծիծաղել:

— Ա՛խ, դուք դեռ հիշո՞ւմ եք ձմեռվան անցքը, — խոսեց քույրս, և նրանց հետ միասին ինքն էլ սկսավ ծիծաղել:

Ես ոչինչ չէի հասկանում նրանց ծիծաղելուց և խորհրդավոր ակնարկություններից, բայց և չէի հետաքրքրվում իմանալու: Ես հանկարծ հիշեցի այն կանանց խմբակը, որը երեկ նավահանգստի մոտ շրջապատել էր պատեր — Սիմոնին և որի միջից դուրս եկավ օր. Լուսինյանը և շնորհավորեց քրոջս իմ գալուստը, հիշեցի որ երեկ մի քանի անգամ ցանկացել էի հարցնել քրոջս, թե ինչ ունեին այն կանայքը կաթոլիկ քահանայի հետ. և ամեն անգամ էլ մոռացել էի հարցնելու:

Բայց այժմ ամեն բան պարզվեցավ ինձ համար, երեկվա կանանց խմբակը հայ — կաթոլիկուհիներից էր կազմված, և նրանք իրենց քահանային դիմավորելու էին գնացել, ուրեմն Լուսինյանները հայ — կաթոլիկներ են, ահա բոլորը:

— Դուք ինչի՞ վերա եք մտածում, պարոն, — ծիծաղելով սկսավ խոսել օր. Մարանջյանը, — նրա վերա, թե ինչու օր. Մարգարիտան կաթոլիկ է, հա՞:

— Բնավ, ի՞նչ կա դրա վերա մտածելու:

— Ինչպե՞ս չէ, մի՞թե դուք չէիք կամենալ, որ նրա նման մի բարի և գեղեցիկ աղջիկը հայ լիներ:

— Առանց իմ կամենալուն էլ նա հայ է:

— Ընդհակառակը, ձեր կամենալով էլ դարձյալ նա հայ չէ:

— Այդ դո՞ւք եք ասում:

— Ո՛չ, այդ ինքն է ասում:

— Սխալվո՛ւմ եք, — ընդհատեց Վարդուհուն օր. Վարվարան, — այդ յուր ծնողներն են ասում:

— Դուք երկուսդ էլ սխալվում եք, — հարեց քույրս, — ոչ

Մարգարիտան և ոչ նրա ծնողները այդպես բան երբեք չեն ասել, դա պատեր — Սիմոնի խոսքն է:

— Այդ ավելի հավանական է, — նկատեցի ես, — օր. Մարգարիտան իմ աչքում այնքան զարգացած է երևում, որ նա յուր մասին այդպիսի բան չէր ասի:

— Բայց եթե ասեր անգամ, մի՞թե նա կստեր, չէ որ նա կաթոլիկ է և ո՛չ հայ, — խոսեց օր, Վարվարան:

— Իհարկե՞ ոչ, — ձայնակցեց նրան Վարդուհին, — նա կաթոլիկ է:

Ես իսկույն տեսի, որ ինձ շրջապատող ընկերությունը շատ սահմանափակ հասկացողություն ունի կրոնի և ազգության գաղափարները միմյանցից որոշելու համար, ուստի հարկ չհամարեցի այդ խնդրի վերա առ ժամն խոսելու: Բայց պատեր — Սիմոնի և նրա հոտի մասին մի քանի տեղեկություններ կամեցա իմանալ:

— Այդ պատերը միշտ այս քաղաքումն է մնում, — հարցրի ես:

— Ո՛չ, նա տարեն չորս անգամ է միայն այցելում այս քաղաքին և յուրաքանչյուր անգամ մի մի ամիս այստեղ մնալուց հետո հեռանում է, — պատասխանեց քույրս:

— Իսկ նա շա՞տ ժողովուրդ ունի այստեղ, — կրկին հարցրի ես:

— Ոչ, ընդամենը երեք տուն սակավաթիվ անձինքներից բաղկացած, որոնք Թիֆլիսից են գաղթած այստեղ իրենց առևտրական գործերով, — պատասխանեց նա:

«Երեք տուն ժողովուրդ, մի հեռավոր անկյունում, — մտածեցի ինքս ինձ, — և նրա համար տարվա մեջ չորս անգամ այցելություն: Ահա թե ո՞րտեղ պետք է որոնել կաթոլիկության ուժը: Երեք տուն բնակիչ, որոնք կարող էին շատանալ ամբողջ տարվա մեջ քահանայի մի շաբաթվա այցելությամբ միայն: Բայց նրանց ձեռքից չեն թողնում, նրանց այցելում են տարին չորս անգամ և այն չորս երկար ամիսներ: Կաթոլիկ եկեղեցին հսկում է յուր ժողովրդի վերա և գիտե, թե ինչու՞ համար է հսկում: Իսկ մեզ մոտ շատ անգամ ամբողջ գյուղեր և ավաններ տարիներով առանց քահանայի են մնում: Շատ գաղթականությանց մեջ մեռելները թաղվում են առանց վերջին անգամ հոգեկան մխիթարություն ստանալու, ծնվածները տարիներով մնում են առանց մկրտության, պսակվողները թափառում են մի գյուղից մյուսը, մի քաղաքից երկրորդը: Ո՞վ է հարցնում, թե երեկ որքա՞ն ժողովուրդ կար այստեղ և այսօր որքան է մնացել, ո՞վ գիտե, թե ո՞ր անկյունում հարյուրավոր մարդիկ աղքատության երեսից փախչելով ուռկանավորների ցանցերումն են անհայտանում: Ո՞վ է հաշվում, թե քանի քանի գերդաստաններ Պարսկաստանի և Թուրքիայի անծանոթ խորշերում բռնության երեսից սարսափահար՝ իրենց լեզուն և կրոնը մոռանում են:

Եվ դեռ զարմանում ենք, որ այս աստիճան անխնամ թողնված մի ժողովրդի մեջ հավատորսը յուր ժողովարանն է հիմնում: Հռովմը՝ յուր քավարանը...»:

Այս տխուր մտածմունքները ինձ այնպես էին զբաղեցրել, որ ես չէի տեսել Մարգարիտայի կրկին մեզ մոտ գալը: Օր. Մարանջյանի ձայնը միայն ինձ սթափեցրեց, երբ նա ուրախ — ուրախ բացականչեց դեպի նրան.

— Հը՞, ի՞նչ արիր, տեղավորեցի՞ր պատեր — Սիմոնին:

— Այո, ես նրան հանձնեցի իմ հոր խնամակալության, — ժպտալով պատասխանեց Մարգարիտան և ապա մոտենալով ինձ հարցրեց, — դուք արդեն ամեն բան գիտեք, այնպես չէ՞:

— Ի՞նչ բան, — զարմացմամբ հարցրի ես, — չգիտեմ ի՞նչ բանի մասին է ձեր խոսքը:

— Այն, որ պատեր — Սիմոնը մեր քահանան է, — պատասխանեց օրիորդը շառագունելով:

Նրա վրդովմունքի պատճառը ես չկարողացա հասկանալ, եւ այդ միջոցին հարմարություն չունենալով նրա հետ ավելի երկար խոսելու, կամ նրա սրտի մեջ թափանցելու, ցանկացա առանց մի առանձին նշանակություն տալու նրա ասածներին, վերջավորել մեր խոսակցությունը: Այդպես էլ եղավ: Մի քանի աննշան խոսակցություններից և կատակներից հետո մենք հրավիրվեցանք ճաշի:

Աղջկերանց ընկերությունը այս անգամ ուսումնասիրելու համար ինձ ոչինչ նյութ չտվավ:

Զ

ՊԱՏԵՐ – ՍԻՄՈՆԻ ԲԱՐԵԿԱՄՈՒԹՅՈՒՆԸ

Փորձված մարդիկներից շատերը մեծ նշանակություն են տալիս նախազգացմանը, խորհրդավոր բաներ պատմելով նրա մասին: Ճշմարտությո՞ւն են դրանք, թե՞ նախապաշարման արգասիք, չգիտեմ, միայն ես առհասարակ շատ չեմ հավատացել նրան և՝ այդ օրը նախազգացման նշանակությունը հերքող մի փորձ տեսի ինձ վերա: Ինչպես գիտեք ես պարտեզի մեջ առաջին անգամ պատեր – Սիմոնին նշմարելով, նախազգամամբ մի ատելություն և հակակրություն զգացի դեպի նրան, և խոստովանում եմ, որ ինքս էլ մեծ նշանակություն տվի նույն րոպեին իմ մեջ ներշնչված այդ տրամադրությանը, բայց ընկերուհիներիս հետ տուն հասնելով իսկույն ևեթ փոխվեցավ իմ մեջ նրա մասին ունեցած գաղափարս:

Դահլիճի դռնից ներս մտա թե չէ, պատեր – Սիմոնը այնպիսի մի հանդիսավոր ընդունելություն արավ ինձ, որ կարծես դրանով պատրաստվում էր յուր տասնամյա պանդխտութեն են վերադարձած հարազատ որդուն գրկելու:

– Օ՛, իմ սիրելի բարեկամ, վերջապես ձեզ էլ տեսնում եմ այստեղ, – բացականչեց նա, – որքան զոհ եմ. և եթե գիտենայիք, թե Երևանից դեսը որքան շատ ցանկացել եմ ձեզ հետ տեսնվելու...

Այս անսպաս մտերմական խոսքերով, (որոնց նպատակը ես չգիտեի) մոտեցավ ինձ պատվելին և ջերմ – ջերմ սեղմեց իմ ձեռքը: Ապա դառնալով քրոջս, խորին հարգանքով ողջունեց նրան համեստությամբ թույլտվություն խնդրելով՝ որ շնորհավորե նրան յուր եղբոր գալուստը:

Քույրս մատույց պատվելիին յուր անկեղծ շնորհակալությունը ընդ նմին և ուրախություն հայտնելով, որ նա բարեհաճել էր յուր այցելությամբ իրենց քաղաքը պատվելու:

Բանից երևաց, որ պատվելին այս փոքրիկ քաղաքի բոլոր հայ ընտանիքներից սիրված մի անձնավորություն էր, բացի նորատի աղջիկներից, որոնք, ինչպես ինձ օրիորդ Մարանջյանը ասաց, շատ չէին ախորժում նրա հոգևորական զգացմունքներով տոգորված կավալերությունից, որը նա ի դեպ և տարադեպ առաջարկում էր նրանց:

Սեղանը արդեն պատրաստ էր և մենք պետք է ճաշի նստեինք:

— Դուք, անշո՞ւշտ, կներեք մեզ, տիկիննե՞ր և պարոննե՞ր, — ասաց պատեր-Սիմոնը հրավիրյալներին, — որ մենք երկու նորեկ հյուրերս միասին նստենք:

Այս ասելով նա բռնեց իմ ձեռքից և տարավ նստեցրեց ինձ յուր համար պատրաստված բազկաթոռի կողքին:

Երբ ամենքը իրենց տեղերը բռնեցին և ամեն ոք յուր շրջապատով սկսեց զբաղվիլ, պատեր-Սիմոնը շարունակեց խոսել ինձ հետ, բայց այնպես կամացուկ որ, մեր դրացիներից ոչ ոք նրան լսել չէր կարող:

— Գիտե՞ք, սիրելիս, երբ ես այսօր ձեզ առաջին անգամ մեր օրիորդների հետ տեսա, մի փոքր վախեցա. դուք մի վիրավորվիր այս խոսքից, խնդրեմ, բայց խոստովանեցեք, որ կարող էի վախենալ:

— Ինչո՞ւ համար, պատվելի՞, — զարմացմամբ հարցրի ես:

— Ա, դուք խո չե՞ք մոռացել երեկվա պատմությունը: Ես որքան էլ որ անբնական դրության մեջ էի, այսուամենայնիվ լավ հիշում եմ, որ ձեզ հետ շատ անվայել վարվեցա: Ես հազար անգամ ներողություն եմ խնդրում:

— Թողեք, աղաչում եմ. այդքան փոքրոգի մարդ մի կարծեք ինձ, — պատասխանեցի ես, — դուք ինձ ոչնչով չեք վիրավորել, Ինչո՞ւ համար եք ներողություն խնդրում:

— Օ՛, ինչպե՞ս չէ. մի հարգելի երիտասարդի առաջ նստել արբած դրության մեջ... անտեղի կատակներ անել... սա իհարկե անվայել բան է իմ աստիճանի համար, դուք ինձ պետք է ներեք...

Այս խոսքերից հետ պատվելին խոնարհեց աչքերը և այնպիսի մի արտահայտություն տվավ յուր երեսին, որ ես կամա ակամա մի խորին պատկառանք զգացի դեպի նրա համեստ և իրավամբ հոգևոր անձնավորությունը:

— Ես երեկվա անցքերից ոչինչ չեմ հիշում, պատվելի, և շատ խնդրում եմ, որ չանհանգստանաք իզուր տեղը. դրանով արդարև դուք ինձ վիրավորում եք: Ես ինքս երիտասարդ մարդ եմ և սիրում եմ ուրախ բնավորությունները: Մի՞թե դուք այդքան ծանրաչքով կնայեիք ինձ վերա եթե ուրախության ժամանակ ինձ արբած տեսնեիք:

— Երբե՛ք, երբե՛ք, սիրելիս: Ես բծախնդրությունը չեմ սիրում:

— Ուրեմն միևնույնը կարծեք և ինձ. մանավանդ որ ես հին սերունդին չեմ պատկանում:

— Այո՛, այդ վերջին հանգամանքը չպետք էր մոռանալ, — հարեց պատվելին և յուր անձեռոցի ծայրը սկսավ ամրացնել օձիքի մեջ: Ապա դառնալով դեպի ինձ շշնջաց ավելի ցած ձայնով.

— Բայց դուք գիտե՞ք, թե ես ինչու համար էի ասում, թե՝ «վախեցա երբ ձեզ մեր օրիորդների հետ տեսա»:

— Ո՛չ, ես այդ կամենում էի հարցնել ձեզանից:

— Այ թե ինչո՞ւ համար: Դուք չեք ճանաչում այստեղի աղջկերանց: Համեստությունը նրանց համար անծանոթ բան է: Ինձ տեսնելով նրանք կարող էին կատակաբանել իմ մասին, իբրև թե ձեզ զվարճացնելու համար, և դուք կարող էիք երեկվան իմ դրությունը անգիտությամբ նկարագրել նրանց առաջ: Այդ իհարկե լավ չէր լինիլ: Նրանք կսկսեին հազար ու մի բաներ ավելացնելով ձեր խոսածների վրա տարածել քաղաքում:

— Բնա՛վ, բնա՛վ, և ո՛չ իսկ մի բառ հիշված է ձեր մասին, — ասացի ես, — անհոգ եղեք, և թե նրանք խոսեին անգամ, ես դարձյալ չէի ինձ թեթևացնիլ այնքան, որ ընկերանայի նրանց:

— Կեցցի՛ք, խելոք երիտասարդ եք. դուք կատարելապես գրավեցիք իմ համակրությունը, — գովեց ինձ պատվելին և զոհ սրտով ձեռք առավ ստամոքսի բարերար գործիքները:

Ես նկատեցի, որ մեր բոլոր խոսակցության ժամանակ Մարգարիտան դիտում էր մեզ և յուր հետաքրքիր հայացքով կարծես ուզում էր թափանցել մեր սրտի խոսքերը, իմանալու համար, թե ինչ ընդհանուր միտք կարող էր զբաղեցնել ինձ և պատեր-Սիմոնին:

Այս հանգամանքը ինձ չափից դուրս հետաքրքրեց, մանավանդ որ սկզբումն էլ նա կասկածոտ հարցեր էր անում ինձ պատերի վերաբերությամբ, ուստի վճռեցի այդ մասին անպատճառ մի բացատրություն խնդրել օրիորդից, երբ մենք միայնակ կլինեինք:

Բայց պ. Լուսինյանը նկատում էր, որ յուր հյուրերը վանական միաբանության վայել լռություն են պահպանում սեղանի վերա, ուստի սկսավ մեղադրել պատեր-Սիմոնին, որ նա չէ մտածում ժամ առաջ այդ մեծ չարիքի առաջը առնելու:

— Մեր շիշերը բողոքում են ձեր դեմ, պատվելի, — ասաց նա, — կամ դուք հանձն առեք սեղանապետությունը և կամ հանձնեցեք այն այս երիտասարդներից մեկին:

— Ներեցե՛ք, ես չգիտեի, թե ինձ է վերապահված կարգադրելու իրավունքը, — պատասխանեց պատվելին, — բայց որովհետև դուք ինձ եք տալիս այդ պատիվը, ուստի ես էլ իմ կողմից սեղանապետության պաշտոնը հանձնում եմ մեր ամենասիրելի բարեկամ Բյուրատյանին:

Բոլոր հրավիրյալները նայեցին ինձ վերա: Նրանցից շատերը սկսան ծափահարել, շնորհավորելով իմ ընտրությունը: Բայց և մի քանի ինձ անծանոթ երիտասարդներ խոժոռեցին իրենց դեմքերը, որոնք այսուամենայնիվ կրկին զվարթացան, երբ ես բացե ի բաց մերժեցի ընդունել այդ պատիվը՝ իբրև կառավարելու անընդունակ և անսովոր, այնուհետև խոսելու ասպարեզը բացված լինելով սկսան մի քանի ընտրելիներ առաջարկել և վերջնական ընտրությունը մնաց կոկիկ հագնված մի երիտասարդ վաճառականի վերա, որը նստած էր օրիորդների խմբին շատ մոտիկ և զբաղված էր յուր դրացուհիների հետ հաճոյախոսություններ անելով:

— Այս անգամ դուք կատարելապես գրավեցիք իմ համակրությունը, — կրկնեց յուր հաճոյախոսությունը պատվելին կամացուկ ձայնով, — մի երիտասարդ, որ ձեր հասակում այդքան հեռու է ցուցամոլությունից, նա արժանի է ամենայն հարգանքի:

— Ես այդպես էլ սպասում էի:

— Բայց եթե առաջին անգամ ձեզ առաջարկեցի սեղանապետությունը, այդ նրա համար էր միայն, որ ես մի արժանավորի վերա մատնացույց անեի — իմ պարտքս բարեխղճաբար կատարած լինելու համար:

Ես շնորհակալ եղա պատվելիից նրա իմ մասին ունեցած լավ կարծիքի համար. Եվ ինքս ինձ ասում էի. «Այսուամենայնիվ, սատանան այնքան տգեղ չէ, որքան մարդիկ նկարում են նրան»:

Բայց մեր երիտասարդ սեղանապետը, որ Մարտին Պալտազարյան էր կոչվում, արդեն սկսել էր հառաջադիմական քայլերը, և օրիորդների փոքրիկ աշխարհը թողած թագավորում էր հրավիրյալների ընդհանուր տիեզերքի վերա:

— Պարոն Բյուրատյանը չափից դուրս լուռ է, իսկ պատվելի պատեր-Սիմոնը շատախոսում է, — բացականչում էր նա, — երկուսն էլ արժանի են մի մի բաժակ պատիժ կրելու:

Մենք ակամա կեղծեցինք որ հնազանդվում ենք պարոնին, և բաժակները մոտեցրինք բերաններիս:

— Տիկին Սամուրյանը եռանդով չէ դատարկում բաժակը, իսկ օրիորդ Վարվարա Սիլիկյանը անտարբեր է դեպի իմ հրամանները, — կրկին լսվեցավ Մարտին Պալտազարյանի ձայնը, և երկու մեղապարտուհիները ճակնդեղի պես կարմրեցան:

— Օրիորդ Մարանչյան, ձեր բաժակը երբեք չէ դատարկվում, և դուք ոչնչով չեք ապացուցում ձեր քահանայի դուստր լինելը, — առաջինների լռությունից խրախուսված անվայել սրախոսությամբ խոսեց նա վերջապես օր. Վարդուհու հետ:

Բայց վերջինս կարմրելու հարկ չտեսնելով՝ անվրդով նկատեց.

— Իսկ դուք, պարոն, շատ լավ ապացուցանում եք ձեր կոշկակարի որդի լինելը. ամենքը ձեզ չափ շնորհքով լինել չեն կարող:

Բոլոր հրավիրյալները կարծես ուրախացած նրա ճարպիկ պատասխանով միաբերան աղաղակեցին.«կեցցե օրիորդը» և խմեցին նրա կենացը:

Մարտին Պալտազարյանը զայրույթից գունատվել էր:

— Ես հրաժարվում եմ սեղանապետության պաշտոնից, — ասաց նա բարկությամբ և ձեռքի բաժակը դրեց սեղանի վերա:

— Ոչ ոք չի տխրիլ, — կամացուկ նկատեց պատեր — Սիմոնը, և երկուսս միասին ծիծաղեցինք մեզ համար:

Բայց պատվելին որովհետև Պալտազարյանից «շատախոս» մականուն ստանալով վիրավորվել էր, ուստի նրա անկումը կատարյալ անելու համար առաջարկեց բազմականներին կրկին ինձ ընտրել սեղանապետ, և նրանք մեծ ուրախությամբ ընդունեցին նրա առաջարկությունը:

— Դուք չկամեցաք առաջին անգամ ընդունել իմ խնդիրը, — ասաց նա բարձր ձայնով, — այն ժամանակ դուք իրավունք ունեիք ազատ լինելու, իսկ այժմ պարտավոր եք ընդունել:

Ես չմերժեցի, և, չնայելով, որ երբեք այդ պաշտոնին հրավիրված չէի, այսուամենայնիվ արդարացրի պատեր-Սիմոնի ինձ վերա ունեցած վստահությունը: Կարճ ժամանակի մեջ հուզված կիրքերը հանդարտեցրի, հաշտեցնելով միմյանց հետ պ. Պալտազարյանին և օր. Մարանչյանին և ապա սկսա ընդհատված կենացները շարունակել. ամեն մեկի վերա հարմար, բայց համառոտ ճառեր խոսելով:

Նկատում էի, որ հրավիրյալները գոհ էին մնում ինձանից, ըստ որում իմ առաջարկությունները ամենամեծ ուրախությամբ էին կատարում: Իսկ պարոն և տիկին Լուսինյանների կենացի վերա պատեր-Սիմոնը այնքան ախորժեց իմ ճառախոսությունը, որ մինչև անգամ մի սիրուն երգ երգեց:

Դժբախտաբար պատվելիի կենացը նախկին սեղանապետի օրով արդեն խմել էին, բայց ես առիթ առնելով նրա գեղեցիկ երգի մեզ պատճառած զվարճությունը, կրկին անգամ առաջարկեցի խմել: Հյուրերը առանձին ուրախությամբ հարգեցին այս առաջարկությունը, որը ես արտահայտեցի մի հաճոյախոս ճառի մեջ: Իսկ պատեր-Սիմոնի ջենտլմեն սարկավագը ի պատիվ յուր պատերին երգեց երկու հատ գողտրիկ երգեր:

Պատեր-Սիմոնի և իմ բարեկամությունը այժմ անխզելի էր. նրա իմ մասին շռայլված գովությունները վերջ չունեին:

Բոլոր գործը հաջողությամբ էր վերջացել. մնում էր միայն մի կենաց, որով հացկերույթը պիտի պսակվեր: — Այդ կենացը օրիորդ Մարգարիտայինն էր, որը ես ոտի վերա կանգնած առաջարկեցի հյուրերին, կցելով նրան օրիորդի անձնավորության և նրա ծննդյան տոնին արժանավայել մի ճառ: Օրիորդի վերաբերությամբ իմ քրոջից ստացած մի քանի տեղեկությունները այժմ ծառայեցին ինձ նրա մասին խոսած ճառս ավելի փառավոր անելու: Խոստովանում եմ, որ բոլոր կենացների մեջ այդ առաջին կենացն էր, որը ես անկեղծ սրտով առաջարկում էի հյուրերին և առաջին ճառը՝ որ ես զգացմամբ թաթախուն բառերով արտասանեցի:

Մարգարիտան կանգնած էր ինձ դեմադեմ, սեղանի մյուս ծայրում. և աչքերը խոնարհած դիտում էր յուր առջև դրած գինով բաժակը: Տեսնում էի, որ համեստությունից նա հազիվ կարողանում էր լսել իմ խոսքերը, և ներքին հուզմունքից հառաջացած վարդագույնը պատել էր յուր դեմքը ամբողջապես: Այդ րոպեին աչքը շլացնելու պես գեղեցիկ էր:

Երբ ես իմ խոսքը վերջացրի, դահլիճը թնդաց ծափահարություններով և հյուրերը բաժակները միմյանց շրխկացնելով դատարկեցին Լուսինյանների միամոր դստեր կենացը:

Մարգարիտան բոլորին մի առ մի հայտնեց յուր շնորհակալությունը և երբ հերթը հասավ ինձ, նա ուղղակի նայեց իմ աչքերին, բայց շրթունքները շարժել չկարողացավ և յուր աչքերը մի վայրկյան մնացին անշարժ: Նրա կրակոտ հայացքը մինչև իմ ոսկորների ուղը թափանցեց և ես ամբողջ մարմնով դողացի:

Երբ երկրորդ անգամ աչքերս վեր բարձրացրի, նա էլ ինձ վերա չէր նայում, նա կեղծում էր, որ իրեն զբաղեցնում էին յուր ընկերուհիները:

Շուտով ամեն բան վերջացավ, և հյուրերը խումբ խումբ ցրվեցան տան պատշգամը, բակը և այգին:

Իմ բարեկամ պատեր-Սիմոնը ինքն իրեն մի փոքր երեկվա դրության մեջ զգալով խույս տվավ իմ ընկերությունից և գնաց պ. Լուսինյանի և նրան շրջապատող մի երկու կաթոլիկ հայերի մոտ:

Իսկ ինձ ընկերացան օր. Մարգարիտան և մի քանի վայրկյան՝ նրա մայրը: Նրանք երկուսն էլ մեծ շնորհակալություններ էին անում ինձանից, որ այսօրվա իրենց հյուրասիրությունը իմ ներկայությամբ և սեղանապետական հմուտ պաշտոնավարությամբ ուրախ և զվարճալի անցուցի:

Հասնելով հովանավոր ծառի մոտ, տիկին Լուսինյանը նստեց ծառի տակ շինած նստարանի վերա, ուր մեր գալուց առաջ հանգստանում էին նրա մի քանի սիրելի բարեկամուհիները, և հրավիրեց մեզ էլ յուր մոտ նստելու:

— Ես կամենում եմ դեռ մի փոքր զբոսնել, — ասացի ես:

— Եթե այդպես է Մարգարիտան ձեզ կընկերակցի, — պատասխանեց նա, և մենք երկուսս կամաց կամաց առաջ գնացինք:

Մի քանի վայրկյան մենք լուռ էինք և սպասում էինք, թե ով առաջինը կսկսեր խոսակցությունը: Հանկարծ միտքս եկավ պատեր-Սիմոնը, որի մասին ուզում էի հարցեր անել օրիորդից: Բայց դեռ ես չսկսած, նա ինքը հարցրեց:

— Ասացեք խնդրեմ, դուք բարեկա՞մ եք պատվելիի հետ, և համակրո՞ւմ եք նրան:

— Ամենից առաջ դուք ասացեք, օրիո՞րդ, ինչո՞ւ համար եք այդ հարցնում: Պատեր-Սիմոնի վերաբերությամբ արած ձեր այսօրվա բոլոր հարցերի մեջ մի ինչ որ խորհրդավոր գաղտնիք եմ նշմարում, արդյոք դուք չէիք վստահանալ այդ մասին ինձ մի բան հայտնելու:

— Ոչինչ գաղտնիք չկա, — անկեղծաբար պատասխանեց օրիորդը, — ես կամենում եմ, որ դուք նրա հետ բարեկամ լինիք, որպեսզի ազատ մեր տուն գալ-գնալ կարողանաք:

Նա իմ հոր սրտի և զգացմունքների վերա իշխում է. և որին որ նա բարեկամ չէ իմ հայրը նույնպես կարող է բարեկամ չլինել: Իսկ ես կամենում եմ, որ դուք հաճախեք մեզ մոտ... Ես ձեր քրոջը սիրում եմ...

Վերջին խոսքերը նա շատ կամացուկ ձայնով արտասանեց: Բայց իմ հետաքրքրությունը ավելի ևս շարժվեցավ: Ի՞նչ մարդ էր այդ պատեր-Սիմոնը. ինչո՞ւ համար նա էր իշխում սրանց ընտանիքի վերա, ինչո՞ւ համար օրիորդը անպատճառ կամենում էր, որ նա ինձ հետ բարեկամ լինի: Սրանք հարցեր էին, որոնց պետք էր բացատրություն:

Բայց մեզ թույլ չտվին ավելի միմյանց հասկանալու: Օրիորդ Մարանջյանը յուր մի երկու ուրիշ ընկերուհիներով մոտեցավ մեզ և սկսավ յուր սովորական զվարճախոսությունները: Մենք այժմ ստիպված էինք նրան լսելու: Պատեր-Սիմոն, Մարտին Պալտազարյան, կոշկակար-սեղանապետ, շառագունվող աղջիկներ և այլն, և այլն, բոլորը նույն րոպեին նրա խոսակցության և կատակների առարկա դարձան: Այնուհետև մենք այլևս չկարողացանք միմյանց հետ առանձին խոսել, մինչև որ երեկոն մոտենալով մյուս հյուրերի հետ միասին ստիպվեցանք հեռանալ դեպի քաղաք:

Բաժանվելու ժամանակ ես իմ ցավս հայտնեցի Մարգարիտային, որ չկարողացա յուր հետ ավելի երկար տեսակցել, ըստ որում խոսելու շատ բան ունեի:

— Վնաս չունի, — ասաց նա, — ես նույնպես բաներ ունեի ձեզ հետ խոսելու, բայց մենք վաղը դարձյալ կտեսնվինք. և այս անգամ ես կգամ ձեզ մոտ:

Օրիորդի վերջին խոստումը ինձ շատ ուրախացրեց, և մենք գոհ սրտով բաժանվեցանք միմյանցից:

Է

ՄԻ՞ԹԵ ՍԻՐՈՒՄ ԷԻ ԵՍ

Երբ տուն հասանք, քույրս ու փեսաս սկսան մի առ ժամանակ պարապվել Լուսինյանների հացկերույթի և նրանց հյուրերի քննադատությամբ: Խնջույքներից կամ հարսանյաց հանդեսներից վերադարձողի համար օրվա անցքերի հաշվեկշիռ կազմելը միշտ սովորական և սիրելի զբաղմունք է: Բայց այս երեկո ես տրամադիր չէի նրանց ընկերանալու: Լուսինյանների խնջույքից ուրիշ ոչինչ ես չէի հիշում բացի Մարգարիտայի այն հայացքը, որ նա ուղղեց իմ աչքերին առաջին յուր կենացի ժամանակ:

Ես զգում էի, որ այդ հայացքը ինձ հալածում էր. ես կամենում էի նրա վերա մտածել... Ուստի հոգնածությունս պատճառ բերելով խույս տվի դեպի իմ ննջարանը: Այդտեղ ես միայն էի, բայց դրանից ավելի միայնության էի որոնում: Կանթեղի պայծառ լույսը կարծես խանգարում էր ինձ, ես նրան հանգցրի և պատուհանի վարագույրը քաշելով՝ փեղկերը բացի:

Զովարար հովի հետ միասին թափանցեց սենյակիս մեջ լուսնի աղոտ լույսն. և վառ երևակայությանս առաջ նկարվեցան գողտրիկ պատկերներ... Ես տեսնում էի գեղեցիկ Մարգարիտային յուր կրակոտ աչքերով, նա զբոսնում էր հովանավոր ուռենիների տակ. տեսնում էի նրա ժպիտը, որ ծաղկում էր գեղեցիկ շրթունքների վերա և լսում այն քաղցրահնչուն ծիծաղը, որ պատճառում էին նրան օր. Վարդուհու կատակները: Բայց հազիվ թե ես հիանում էի, և ահա այդ պատկերները տեղի տվին դրական մտածմունքներին: Ես հիշեցի գեղեցիկ օրիորդի խորհրդավոր խոսքերը. «Բարեկամ եղեք պատեր-Սիմոնի հետ, որ ազատ մեզ մոտ գալ-գնալ կարողանաք... Ես կամենում եմ, որ դուք հաճախեք մեր տունը... Ես սիրում եմ ձեր քրոջը...»:

Ի՞նչ էին նշանակում այդ խոսքերը, մտածեցի ինքս ինձ. մի՞թե այդ աղջիկը մի պարզ համակրությունից շատ ուրիշ զգացմունք էլ կարող էր տածել դեպի ինձ... Նա սիրում է իմ քրոջը, բայց մի՞թե այդ սերը մի կապ ունի իմ անձնավորության հետ... Ո՛չ, ես սիրում եմ երազել, կշտամբեցի ինքս ինձ. զողտրիկ զգացմունքները այդքան շուտ չեն տարբերվում: Ես թեպետ այդ չեմ փորձել, բայց այդպես ասում են փորձառու գլուխները:

Այս պատճառաբանությամբ ես հեռացրի իմ գլխից սիրված լինելու ցնորքը. բայց մի միտք իմ զգացման անբռնաբարելի սեփականությունն էր, և ես նրա ճշմարտության հասու լինելու համար փորձառու գլուխների չպետք է դիմեի: Սիրո՞ւմ էի ես Մարգարիտային թե ոչ. այդ ինձ ասում էր իմ սիրտը, այդ շշնջում էր ինձ իմ հոգին... Այո՛, ես անտարբեր չէի դեպի մանկամարդ գեղեցկուհին և ես զգում էի, որ աներևույթ. վերքը արդեն մրմնջում էր իմ կրծքի տակ... Բայց մի՞թե դա էր սերը: Ճշմարիտը խոստովանած, ես դեռ չգիտեի: Ես միայն կարդացել էի սիրո մասին և սերը դեռ իդեալ էր ինձ համար, այսինքն մի բան, որին ամենայն մահկանացու չէր կարող հասնել: Եվ մի՞թե իմ սիրտը կարող էր լինել այն արժանավոր անդաստանը, ուր փթթում է սիրո սրբազան ծաղիկը...

Ես կասկածում էի: Բայց ավա՛ղ, ինչպե՛ս ողորմելի են մարդիկները: Այնտեղ, ուր բնության բարերար ձեռքն է ստեղծագործում, նրանք աստվածային զորությանց հետքեր են որոնում... Գերբնականին հպատակելու անհագ ցանկությունը՝ ստեղծում է նրանց երևակայության մեջ գերմարդկային զորություններ, և այդ չեղած զորությանց առաջ մարդիկ զոհում են, ծնրադրում են ինքնակամ...

Բայց այս անգամ ես համոզվեցա, որ սերը իմանալյաց աշխարհում չէ թափառում, երկու կրակոտ հայացք, և նա վառվում է ամեն մի զգայուն և անբիծ սրտի մեջ, նույնիսկ մեր մեղապարտ երկրի վերա:

Ուրեմն ես սիրում էի. այդ հաստատ էր: Երկար մտատանջության հարկ չէր մնում: Ես դադարեցի:

Գիշերից բավական ժամեր անցել էին: Լուսինը վաղուց արդեն յուր եղջյուրը հեռացրել էր իմ պատուհանից և խավարը տիրում էր սենյակիս մեջ: Հոգվով և մարմնով վաստակաբեկ, ես ընկա վերջապես իմ մահճակալի վերա, և շուտով անուշարար քունը փակեց իմ ծանրացած արտևանունքները:

Ը

ԵՍ ՍԽԱԼՎԱԾ ԷԻ

Հետևյալ առավոտը էլ ինձ ուրիշ բան չէր զբաղեցնում: Ես սպասում էի իմ թանկագին այցելուին: Ո՞ր ժամին կգար նա, ես չգիտեի: Այդպիսի դիպվածում սպասելը անտանելի է. ժամերը օրերի պես են անցնում, և ձանձրույթը վայրկյաններով աճում է: Ժամանակս սպանելու համար ձեռքս առի մի լրագիր, որը դեռ նոր էր ստացվել:

Բայց ավա՛ղ, մի հոդվածի խորագիրը միայն կարդալ կարողացի: Մտքերս իսկույն ցրվում էին, և ես մի բան հասկանալու համար նրանց չէի կարողանում ամփոփել: Լրագիրը ձգեցի սեղանի վերա և ինքս ինձ մտածում էի. — Դեռ երրորդ օրը չէր անցել, ինչ որ ես իմ քրոջ տանն եմ: Որպիսի տանջանոք, որչա՛փ անձկությամբ շտապում էի հասնել այստեղ, ինչպե՞ս ծանր էին անցնում ինձ համար քրոջս ինձանից բաժանող ժամերը: Ես եկա. և այս երրրրդ օրն է, ինչ որ գտնվում եմ նրա մոտ, բայց ես արդեն դադարում եմ նրա մասին մտածելուց...

Ինձ ուրիշ մտքեր են զբաղեցնում. մի օտար աղջկա հայացքը,

նրա արտասանած մի քանի բառերը տիրում են այժմ իմ բոլոր գոյությանը, իմ ուղեղի և սրտի վերա...

Ինչով բացատրել այս գաղտնիքը, եթե ոչ խոստովանելով բնական օրինաց զորությունը, որի առաջ մարդկային հանճարը խոնարհեցնում է յուր երբեմն ապստամբ դրոշակը...

Ժամը տասը և մեկը զարկավ, ո՞չ ոք չէր երևում: Իմ անհանգստությունը սկսավ կրկնապատկվիլ: Ես մերթ դուրս էի գալիս պատշգամբ, մերթ իջնում էի փողոց, և ամեն անգամ էլ երկար աչքս տնկում դեպի այն կողմը, որտեղից պետք է երևար Մարգարիտան:

— Մի՞թե նա կարող էր այսքան ուշանալ, գուցե նրան մի դժբախտություն է պատահել, — դառնալով քրոջս մոտ, հարցրի նրանից:

Նա ուղիղ ժամը տասներկուսին կգա, անհոգ եղիր. այստեղ այդ ժամերումն են այցելություն զնում, — միամտացրեց ինձ քույրս և ապա դառնալով նայեց իմ աչքերին և ուրախ-ուրախ ծիծաղեց:

— Ինչո՞ւ համար ես ծիծաղում, — հարցրի ես:

— Նրա համար՝ որ տեսնում եմ, թե Մարգարիտան քեզ շատ է գրավել, և դու նրա մասին շատ ես հոգում: Տեսնո՞ւմ ես, — ավելացրեց նա, — մեր քաղաքը այդպես է հափշտակում երիտասարդ տղաների խելքն ու միտքը, մանավանդ երբ նրանք քեզ նման անփորձ են:

— Բնավ, մի՞թե դու կարծում ես, թե ես նրանով շատ եմ հետաքրքրվում, ես միայն մեքենայաբար խոսեցի նրա մասին,

Այս խոսքերով ես կամեցա խույս տալ իմ քրոջ սրատեսությունից, բայց իմ շառագունելս մատնում էր նրան իմ սրտի գաղնիքը...

Վերջապես օր. Մարգարիտան եկավ յուր մոր հետ միասին, ես մինչև փողոց գնացի նրանց դիմավորելու: Օրիորդը նույնչափ ուրախ էր երևում յուր այցելությամբ, որչափ և ես նրան տեսնելով: Համնելով տուն սկսանք մեր սիրալիր բարեկամության փոխադարձ խոստովանությունները: Մի օրվա տեսակցությունը այնչափ էր մեզ մոտեցրել միմյանց, որ տիկին Լուսինյանը ինչպես յուր ամենամոտ հարազատի հետ էր խոսում ինձ հետ, ծիծաղում և կատակներ անում: Այս հանգամանքը ինձ ներքին ուրախություն էր պատճառում և ես տեսնում էի, որ Մարգարիտան նույնպես բաժանում էր միևնույն զգացմունքը: Նա առհասարակ շատ քիչ էր խառնվում ընդհանուր խոսակցության մեջ, բայց յուր գեղեցիկ աչքերը անընդհատ սևեռում էր ինձ վերա, և ես նրանց մեջ այս անգամ պարզ կարդում էի յուր գողտրիկ զգացմունքը արտահայտող շատ մի խոսքեր:

Սուրճ առնելուց հետ մենք բոլորս միասին պիտի գնայինք քաղաքային այգին, որը թեպետ շատ մոտ էր իմ քրոջ տանից, բայց ես դեռ չէի տեսել:

Օրը կյուրակե լինելով ամբողջ քաղաքը գրեթե հավաքված էր այդտեղ: Երիտասարդ տիկնանց և օրիորդների բազմությունը մանավանդ աչքի ընկնելու չափ մեծ էր: Քույրս, որ արդեն խելամուտ էր իմ զգացմունքներին, չնայելով, որ ես նրան այդ մասին ոչինչ չէի խոսացել, դիտմամբ կամեցավ Մարգարիտայի հետ ինձ միայնակ թողնել, ուստի տիկին Լուսինյանին վերցնելով առաջ անցավ: Շուտով նրանք խառնվեցան իրենց ծանոթ մի խմբակի հետ և շրջեցան մի ուրիշ կողմ: Մենք մնացինք միայն, և կամաց-կամաց առաջ էինք գալիս: Երբ մտանք մի նեղ ճեմելիք, ուր մեզանից զատ ոչ ոք չէր զբոսնում, Մարգարիտան սկսավ խոսիլ:

— Ես չեմ սիրում զբոսնել այստեղ տոն օրերը, — ասաց նա, — մարդիկների խառնիճաղանճ անցուդարձը ինձ նեղացնում է:

— Երևի դուք միայնություն շատ եք սիրում, — հարցրի ես:

— Օ՛, ամեն բան կզոհեի՝ եթե թույլ տային ինձ միշտ միայնակ մնալու: Ես սիրում եմ միայնությունը, սիրում եմ երբ ոչ ոք չէ խանգարում իմ մենավոր մտածմունքները:

— Մի՞թե այդպիսի ժամանակ ամեն ընկերություն անտանելի է ձեզ համար:

— Գրեթե ամեն ընկերություն:

— Եթե մինչև անգամ գտնվեր մեկը, որ կարողանար բաժանել ձեր գաղափարները, ձեր համոզմունքները և վերջապես ձեր զգացմունքները...

Այս խոսքի վերա Մարգարիտան շրջեց երեսը, խորհրդավոր կերպով նայեց ինձ և եռանդով պատասխանեց,

— Ես մինչև այսօր այդպիսի ընկեր չեմ ունեցել. ես ծարավ եմ այդ տեսակի հոգիների ընկերակցության: Բոլոր շրջաններում, ուր որ մի անգամ ես ոտք եմ դրել, դատարկություն և ամայություն է տիրում: Այստեղ ես պետք է աղջիկներից ընտրեի իմ գաղափարակիցը և մտերիմը. բայց ավաղ, դատարկությունը ավելի նրանց մեջ է զգալի. նրրանք կամ ինձ չեն հասկանում և կամ ծաղրում են...

— Եթե դուք գտնեք այդ ընկերությունը մի երիտասարդի մեջ, որ ընդունակ լիներ ձեզ հասկանալու, դուք կմերժեի՞ք նրան ձեր ընկերակցությունը, — հարցրի ես ժպտալով:

— Ինձ համար միևնույն է. ես չեմ խորշում մարդիկներից, — պատասխանեց նա սառնությամբ: — Դուք անշուշտ հիշում եք, որ ես երեկ առաջարկեցի ձեզ հաճախել մեզ մոտ: Իմ միտքը ոչ այլ ինչ էր, եթե ոչ լցնել իմ սրտի դատարկությունը մի մարդու ընկերակցությամբ, որ կարող էր հասկանալ ինձ: Ես այդպիսիներին որոնում եմ, ինչպես մի մարդ, որ չէ կամենում ամայության մեջ խեղդվել: Եվ հավատացեք, որ եթե ես չգտնեի ձեր մեջ իմ որոնած բարեմասնությունները, ես իսկույն կհեռանայի, թողնելով ձեզ՝ միայն ինձ ծանոթ լինելու իրավունքը:

Այստեղ ես մնացել էի շվարած, իմ ուղեղը էլ չէր գործում: Երեկոյան այդ աղջկա մասին իմ ունեցած ցնորքների տպավորությունը անհետացավ և նույնիսկ այս առավոտ նրա մասին երազներս պղպջակների պես ցնցվեցան օդի մեջ: «Ես այս աղջկան չկարողացա ճանաչել, ես միայն երազում էի», մտածեցի ինքս ինձ և սկսա ամաչել: Առաջին անգամն էր իմ կյանքում, որ մի աղջկա ներկայությունը ճնշում էր իմ հոգին: «Բայց պետք է ավելի որոշ դրության մեջ դնել գործը», մտածեցի ես երիտասարդներին հատուկ հանդգնությամբ և նկատեցի.

— Դուք շատ խիստ եք, օրիորդ, ամեն մարդ օժտված չէ լինում կատարյալ բարեմասնություններով, և եթե ամենքի մեջ ձեր ցանկացածը որոնեիք, դուք միշտ դատարկաձեռն կմնայիք և ամայությունը հավիտյան ձեզ կշրջապատեր: Ես ինքս օրինակ հոժարությամբ խույս կտայի ձեր բծախնդրությունից, եթե դուք չշատանայիք այսքանով, ինչքան ես կարող եմ նվիրաբերել ձեր բարեկամությանը: Ինչպես նյութական նույնպես և հոգեկան հարստությունը սահմանավոր է, մարդկանց տենչանքն է միայն՝ որ սահման չունի: Ի՞նչ իրավունքով դուք պիտի մերժեք ինձ ձեր բարեկամությունը, եթե օրինակ ես նրան կամենում եմ վաստակել իմ սահմանափակ ընդունակություններով: Չէ՞ որ զոհաբերության մեջ լուման էլ արժեք ունի և նվիրաբերության ժամանակ հաշվի է առնվում նվիրողի սիրտը, քան թե նվերի արժանավորությունը:

Մարգարիտան սկսավ ծիծաղել: Ես ավելի սիրտ առնելով նրա ուրախ տրամադրությունից, հարցրի.

— Ի՞նչ, մի՞թե դուք կմերժեիք ինձ ձեր բարեկամությունը, եթե օրինակ ես կամենայի գնել նրան ամենաանկեղծ սիրո գնով, եթե ես նրա համար նվիրեի ձեզ իմ սիրտը ամբողջապես:

Օրիորդի դեմքը մռայլվեցավ.

— Սիրո և սրտի վերա խոսելուց ես միշտ հրաժարվում եմ, — ասաց նա թույլ ձայնով, — որովհետև դեռ ապացուցված չէ, թե որոնք կարող են սիրել և որոնք սիրտ ունին:

Այս ասելով նա շրջվեցավ դեպի ընդհանուր ճեմելիքը և առանց մի ուրիշ բառ արտասանելու մոտեցավ այն խմբակին, որի մեջ գտնվում էին յուր մայրը և քույրս:

Ես, իհարկե, հետևեցի նրան. բայց փշրված հույսերով և բեկված սրտով:

Այգիից դուրս գալուց հետ՝ ես հույս ունեի, որ նրանք կգային մեզ մոտ ճաշելու և ես դեռ ժամանակ կունենայի Մարգարիտայից բացատրություններ խնդրելու, բայց որքան մեծ եղավ իմ տխրությունը, որ նրանք մերժեցին մեր խնդիրը, պատճառ բռնելով մի երկու օտարական հյուրերին, որոնք այդ օրը իրենց մոտ պիտի ճաշեին:

Մնաս բարևի ժամանակ տիկինը խնդրեց, որ ես անպատճառ իրենց տուն գնամ նույն օրը կամ վաղը:

— Նույնը խնդրում եմ և ես, — ասաց Մարգարիտան, և մենք բաժանվեցինք միմյանցից այնպես սառը կերպով, որ կարծես մի մեծ կռիվ էր տեղի ունեցել մեր մեջ:

Տիկինը և քույրս չնկատեցին, իհարկե, այս տարօրինակ հանգամանքը:

Թ

ԵՐՋԱՆԿՈՒԹՅԱՆ ՄԿԻԶԲԸ

Մարգարիտայից բաժանվելուց հետո ինձ մեծ զգուշություն էր հարկավոր վրդովմունքը քրոջիցս ծածկելու համար, մանավանդ որ նա անտեղյակ չէր իմ հոգեկան մոլորությանը, ինչպես ասում են հին մարդիկները: Ճանապարհին արդարև նա ոչինչ փոփոխություն չկարողացավ նշմարել ինձ վերա, բայց տան մեջ իմ մտախոհ կերպարանքը տեսնելով անհանգստացավ:

— Ի՞նչ է պատահել քեզ, — հարցրեց նա, — դու չափից դուրս տխուր ես:

— Ես մի փոքր հիվանդ եմ զգում ինձ, — ասացի, — գլուխս ցավում է:

Բայց կարծես նա հասկանում էր, որ ես խաբում եմ իրեն:

— Ոչինչ, դա շուտով կանցնի, — նկատեց նա, — միայն դու ինձ այն ասա, ի՞նչ խոսացիք Մարգարիտայի հետ. ձեր բարեկամությունը հաստատվեցա՞վ, թե՞ ոչ:

— Ի՞նչ բարեկամություն, ես քեզ չեմ հասկանում, — զարմացում կեղծելով՝ հարցրի ես:

— Դու ինձ չե՞ս հասկանում, — ժպտալով հարցրավ նա ինձ և ծիծաղկոտ աչքերով սկսավ նայել ինձ վերա:

Ես երկար կեղծել չկարողացա, ես նույնպես ժպտացի. և այդ ժպիտը ամեն բան խոստովանեց: Բայց քույրս կամենալով քնքշությամբ քերել այդ հարցը, ուրիշ բանի վերա դարձրեց յուր խոսքը, և մի քանի կցկտուր պատասխաններ տալուց հետո առանձնացա տան դեպի ծովը նայող պատշգամը:

Միրտս խռովյալ ծովի պես ալեկոծում էր, ես ոչ մի տեղ հանգստություն չէի կարողանում գտնել: Ամբողջ ժամերով անց ու դարձ արի պատշգամի վերա:

«Ի՞նչ արավ ինձ հետ այս աղջիկը, — մտածում էի ինքս ինձ, — ես նրան չէի պտրտում, բայց ինքը ստիպեց ինձ այդ անելու: Նրա հայացքները, նրա ժպիտը, նրա քնքշությունները դեպի ինձ և վերջապես նրա մտերմական խոսակցությունները՝ ինձ իրավունք էին տալիս կարծելու, որ այդ աղջիկը բաժանում է այն զգացումը, որը յուր կախարդող հայացքները բորբոքել էին իմ մեջ: Ես հետևեցի իմ հոգվո թելադրությանը: Ես անկեղծ եղա: Բայց, տեր աստվա՜ծ, որպիսի սառնությամբ խոսեց նա ինձ հետ. որպիսի՜ արհամարհանքով ընդունեց իմ խոսքերը, երբ ես նրան սիրո և սրտի նվիրման համար խոսեցի: Իհարկե ավելիին ես արժանի չէի: Որովհետև հանդգնել էի ինձ անծանոթ բնավորության վերա իշխելու: Եվ արդարև ի՞նչ բան է կինը, եթե ոչ մի հանելուկ, որին լուծելու համար իզուր վաստակում է խելքը: Եվ հենց այդ ժամանակ երբ գիտնական գլուխը զբաղված է նախ նրան ուսումնասիրելու և ապա թե լուծելու դժվարին խնդրով, հիմարներից մինը արդեն այդ անելուկը ամենադյուրին ճանապարհով լուծած վերջացրած է լինում: Այդպիսի դեպքում գիտնական գլխին միայն մի մխիթարություն է մնում, այն է՝ ծիծաղել յուր վերա»:

Եվ այսպես ես չարաչար սխալված էի իմ հաշվի մեջ. իմ հուսախաբությունը ինձ հանգստություն չէր տալիս: Երբեմն ես վճռում էի այլևս չտեսնվել Մարգարիտայի հետ, մոռանալ նրան, իբրև մի անծանոթի և երբեմն մտադրվում էի վազել նրա տունը և բացատրություններ խնդրել յուր վարմունքի համար: Այսուամենայնիվ երկու դիպվածումն էլ ինձ թույլ և անկարող էի գտնում:

Բայց մի միտք հանկարծ ուրախացրեց ինձ: Այդ երեկո քաղաքի ժողովարանում պարահանդես կար, և Մարգարիտան գուցե այնտեղ լիներ: Մտածեցի անպատճառ ներկա լինել հանդեսին և այնտեղ թե՞ վերջավորել մեր ընդհատված խոսակցությունը և թե՞ բացատրություններ առնել նրանից յուր տարօրինակ վարմունքի համար:

Այդ հուսով ես դիմեցի քրոջս հարցնելու, թե արդյոք պարահանդես կգա՞ր Մարգարիտան թե ոչ: Եվ երբ նա ինձ միամտացրեց, որ նա անպատճառ այնտեղ կլինի.

— Թեպետ Մարգարիտան շատ չէ սիրում պարահանդեսներ, բայց նրա մայրը միշտ տանում է նրան, որպեսզի տանը տխուր չնստի, — ասաց ինձ քույրս:

Ես ուրախությամբ վերադարձա իմ պատշգամս և սկսա երգելով անցնել մնացորդ ժամերը, մինչև որ ճաշի կիրավիրեին ինձ:

Ցանկալի երեկոն թեպետ մի փոքր ուշ, այսուամենայնիվ հասավ: Ես, քույրս և փեսաս հագնվեցանք, սարքվեցանք և դիմեցինք քաղաքի ժողովարանը, որը գտնվում էր քաղաքային այգվո մի ծայրում, գրեթե ծովափի վերա:

Գեղեցիկ և զով գիշեր էր. լուսնի եղջյուրը լուսավորում էր այգին յուր աղոտ և խորհրդավոր լուսով: Դեպի ժողովարան տանող ճանապարհի վերա միայն վառվում էին մի քանի լապտերներ, որոնք ծառայում էին ավելի ամառային գիշերի գեղեցիկ ներդաշնակությունը խանգարելուն: Երբ մենք մտանք այգին, երաժշտությունը արդեն թնդում էր նրա մի ծայրում; «Երևի պարերը սկսված են» մտածեցի ես, և զարմացա, որ այդքան շուտ են սկսում այստեղ պարերը:

Վերջապես մոտեցանք ժողովարանին: Նա ներսից և դրսից աչք շլացնելու չափ լուսավորված էր: Մեծ և լայն պատուհաններից արդեն նշմարվում էր ալեկոծյալ բազմությունը յուր խայտաբղետ շարժումներով:

Մենք ներս մտանք: Հյուրերը վալս էին պարում: Գեղեցիկ տիկիններ, նորատի օրիորդներ, պճնված նորագույն տարազով և կպած քնքշասեր ասպետների կրծքին, անընդհատ թրթռում և պտույտներ էին անում ընդարձակ դահլիճի մեջ, քարշ տալով իրենց ետնից շրջազգեստների հարուստ և փառահեղ տուտերը և տոգորելով ամբողջ սրահի օդը իրենց պաճուճանքների անուշահոտության բուրմունքով: Պարերի այդ արագաշարժ թռույցքներով նրանք նմանում էին գեղեցիկ նայադների խմբին, որոնք ծաղկեպսակ և սիրաժպիտ, խաղալով զեփյուռների հետ, դիմավորում են գարնան:

Տեսարանը գեղեցիկ և գրավիչ էր: Բայց գրկախառնյալ վալսը ինձ վերա լավ տպավորություն չարավ: Պարող զույգերի մեջ ես պտրտում էի Մարգարիտային նախանձահույզ աչքերով: Ես կամենում էի տեսնել թե առավոտյան լրջամիտ և սեր ու սիրտ արհամարհող օրիորդը ինչպես է զվարճանում այս խառնիճաղանճ ամբոխի մեջ և որ ավելին է՝ թե նա ինչ ասպետի հետ է գրկախառնված:

Բայց իզուր էի ես սպասում: Մարգարիտան չերևաց պարողների մեջ: Այս հանգամանքը թեպետ մի կողմից ներքին ուրախություն պատճառեց ինձ, բայց մյուս կողմից էլ տխրեցրեց, որովհետև դահլիճի և ոչ մի խմբակի մեջ չտեսի նրան:

— Մարգարիտան այստեղ չէ, — ասացի քրոջս, — դու ինձ սխալեցրիր:

— Անցիր հանդիպակաց դռնով, մտիր երրորդ սենյակը, նա անշուշտ ընթերցարանում կլինի, — ծիծաղելով պատասխանեց քույրս:

Ես գնացի դեպի նշանակյալ սենյակը, և, ո՛վ զարմանք. Մարգարիտան նստած էր այդտեղ մեն մենակ և լրագիր էր կարդում: Դահլիճի մեջ թնդացող երաժշտությունը, պարողների ուրախ և զվարթ ձայները, յուր շրջապատում տիրապետող անսովոր շարժումը կարծես նրա վերա ոչինչ ազդեցություն չէին անում, նա խորասուզված յուր ընթերցանության մեջ մինչև անգամ իմ յուր մոտ մտնելս էլ չիմացավ:

Երկար ես նայում էի նրան, նայում էի և հիանում: Կանթեղի լույսը ընկել էր նրա վերա և կիսով չափ լուսավորել նրա դեմքը, այնպես որ մյուս կեսը մնում էր ստվերի մեջ: Այս դրությամբ նրա պրոֆիլը նմանում էր մի գեղեցիկ մարմարիոնե արձանի, որով հանճարեղ քանդակագործը պատկերացնում է մարդկության բարերար աստվածուհիներից մինին այն վայրկյանում, երբ նա մոլորյալ հոգիների հանցանաց գիրքը քրքրելով՝ ճգնում է գտնել իրավունքի մի ճանապարհ, որով նրանց անիրավ ճակատագիրը ջնջել կարողանա:

«Ահա՜ այն կինը, որին ես երազում էի» մտածեցի ինքս ինձ. և հուշիկ մոտեցա գեղեցիկ օրիորդին: Նա գլուխը վեր բարձրացրեց և ժպտաց:

— Դուք չե՞ք բարկանում, որ ես խանգարում եմ ձեր մենավոր զբաղմունքը, — ասացի ես պարզելով ձեռքս դեպի նրան:

— Բոլորովին ո՛չ, — պատասխանեց նա և քնքշաբար սեղմեց իմ ձեռքը:

— Այս անգամ ես դարձյալ անորոշ գաղափար ունիմ ձեր մասին, օրիորդ, դուք ինձ և՛ հիացնում, և՛ զարմացնում եք...

— Հիացումը թողեք, — ընդհատեց նա, — զարմացման մասին խոսեցեք: Ինչո՞ւ համար եք զարմանում:

— Եվ մի՞թե դուք դեռ կարոտում եք իմ բացատրությանը: Տեսնում եք, այստեղ պարահանդես է. երաժշտություն է որոտում, ձեր սեռի ներկայացուցիչները նախանձ են բերում աստվածուհիներին, ասպետները նրանց հաճոյանալու համար շահատակում են աջ ու ձախ, ամեն տեղ ուրախություն, ամեն կողմ հրճվանք... և դուք ի՞նչ եք անում, աստվա՛ծ իմ, դուք միանձնուհվո դեր եք կատարում այստեղ:

Այս խոսքի վերա Մարգարիտան մեղմով ժպտաց և շարժեց գլուխը:

— Ահա՞ թե ինչու համար ես միայնակ էի մինչև այսօր և միայնակ պիտի մնամ երևի մինչև վերջը, — խոսեց նա տխրությամբ: — Դուք էլ նույնն եք անում ինձ, ինչ որ ուրիշ շատերը: Ցավալի է: Մինչև այսօր լսած քարոզներս ինձ վերա տխուր տպավորություն չեն արել. ես ներել եմ բոլորին, բայց ձեր խոսածները այդ տպավորությունը արին: Որովհետև ես սպասում էի ձեզանից ավելին, ես սպասում էի, որ դուք ուրիշներին չնմանեք, բայց երևի ես եմ մոլորվածը և ես պետք է զիջանեմ իմ քարոզներին...

— Մի՞թե դուք վշտացաք իմ խոսքերից, օրիորդ, — հարցրի ես անհանգստությամբ:

— Այո՛, ես վշտացա. դուք իմ վարմունքը տարօրինակ եք գտնում, որովհետև ես պարահանդեսը թողած ընթերցանությամբ եմ ժամանակ անցկացնում, որովհետև ես ասպետների գրկերից փախչելով՝ այստեղ միանձնուհիվո դեր եմ կատարում.,. Այո՞, պարոն, այդ խոսքերով դուք ինձ վիրավորում եք... Բայց ինչ որ ես անում եմ, գիտակցաբար և խոր համոզմունքով եմ անում: Ճշմարիտ է, ես այս րոպեին նստած եմ միևնույն տանը, ուր երաժշտությունը որոտում և պարերը պտտվում են: Բայց այստեղ ինձ բերել է իմ մայրը. ես չեմ կարողանում ընդդիմանալ նրա թախանձանացը: Նա կամենում է ինձ զոռով զվարճացնել, և ես հնազանդվում եմ նրա մայրական խանդակաթ սիրտը չվիրավորելու համար: Քանի որ նա ինձ գաղափարակից չէ, ես ճնշում եմ իմ սիրտը, որպեսզի նա հավատալով, թե ինձ ուրախացնում է, ինքը ևս ուրախանա, ապա թե ոչ պարահանդեսները ինձ զվարճություն չեն պատճառում, այն զբոսանքները, որոնց մեջ կինը միայն հաճության աղջիկն է, ես ատելով ատում եմ. ես կամենում եմ, որ իմ սեռը հարգված մնա գոնե իմ մեջ... Եվ վերջապես ի՞նչ զվարճություն կարող է պատճառել ինձ այդ րոպեական խելազարությունը, եթե նա մինչև անգամ նույն ինքը երջանկությունը լիներ:

— Իմ խոսածներս կատակ էին, օրիո՞րդ, — պատասխանեցի ես, — այս րոպեին դուք իմ համոզմանց և զգացմանց թարգման եք հանդիսանում, և ես չգիտեմ ինչպես արտահայտեմ իմ խորին և անկեղծ հարգանքը դեպի ձեզ: Այն մտքերը, որոնք ինձ զբաղեցրել են մինչև այսօր, ես ձեր մեջ իրացած եմ տեսնում, հենց այդ պատճառով էլ ես ինձ երջանիկ եմ զգում ձեր առաջ:

— Դուք համակրո՞ւմ եք իմ գաղափարներին, դուք ինձ չե՞ք խաբում ոգևորված հարցրեց Մարգարիտան:

— Ես չեմ երդվում, օրիորդ, բայց խոսում եմ ազնվաբար և անկեղծությամբ, դուք մինչև անգամ կարող եք ինձ չհավատալ, բայց դա ինձ չի վշտացնիլ, դուք արդեն ինձ վարձատրել եք ձեր համոզմունքների անկեղծ արտահայտությամբ:

— Տվեք ինձ ձեր աջը, ես ձեզ հավատում եմ, — ասաց նա ոգևորությամբ և սեղմեց իմ ձեռքը ի նշան վստահության:

Եվ ապա աթոռից բարձրանալով ավելացրեց.

— Այսուամենայնիվ, մենք կարող ենք մի փոքր ավելի օգուտ քաղել մեր հանդիպումից, գնանք շրջելու մյուս կողմերը:

— Դուք կամենում եք դահլիճը մտնել, — հարցրի ես:

— Ոչ, դուրս գնանք այգին, — պատասխանեց նա, — և մենք կողմնակի սանդուղքներից իջնելով մտանք մի փոքրիկ ծառուղի, որը ընկած էր ծովափի երկարությամբ:

Լուսինը արդեն բարձրացել էր երկնակամարի վերա: Գիշերային մեղմ հովի առաջ հուշիկ շարժվում էին ծառերը և թփիկները և նրանց ոստերի գետնի վերա թողած ստվերները անընդհատ խաղում էին միմյանց հետ: Ծովը խաղաղ էր և նրա լայնատարած մակերևույթը այդ րոպեին մուգ արծաթի գույն էր առել լուսնի առաջ: Փոքրիկ ալիքները մերթ ծփալով խաղում էին նրա երեսին և մերթ հովից մղվելով գալիս կոծում էին ափի ավազուտը:

— Այստեղ շատ գեղեցիկ է, մենք կարող ենք մի փոքր ազատ զբոսնել, — ասաց Մարգարիտան, մտնելով փոքրիկ ծառուղիի մեջ:

— Իսկ մայրդ անհանգիստ չի՞ լինի, օրիորդ, — հարցրի ես, — մենք նրան չհայտնեցինք ձեր այստեղ լինելը:

— Ավելորդ է, մինչև պարահանդեսի վերջը նա ինձ չի պտրտիլ: Նա գիտե իմ բնությունս և կկարծե, որ ընթերցարանումն եմ:

Ես ոչինչ չպատասխանեցի, և մենք սկսանք մի քանի վայրկյան լուռ զբոսնել: Հետո նա ինքը լռությունը ընդհատեց հարցնելով.

— Դուք հիշո՞ւմ եք այս ավուր մեր խոսակցությունը:

— Այո՞, հիշում եմ, — պատասխանեցի, — ես հիշում եմ մինչև անգամ, թե ո՞ր տեղումը ընդհատվեցավ այդ խոսակցությունը:

— Այնտե՛ղ, որտեղ դուք սիրո և սրտի նվիրման վերա էիք խոսում, — հարցրեց Մարգարիտան ժպտալով:

— Եվ որտեղ դուք ձեր անվստահ նկատողություններով իմ հույսերը փշրեցիք, — ավելացրի ես:

— Հույսե՛ր, — զարմացման եղանակով բացականչեց Մարգարիտան, — ի՞նչ հույսեր ունեիք դուք:

— Օրիորդ, թո՛ւյլ տվեք ինձ անկեղծ լինել, թույլ տվեք որ ես կամ երազներից սթափվիմ և կամ իսկական երջանկությունը ճանաչեմ, ես տանջվում եմ...

— Ես ձեզ չեմ հասկանում, — երկյուղած ձայնով խոսաց Մարգարիտան, — դուք կարող եք անկեղծ լինել:

— Շնորհակալ եմ, օրիորդ, ուրեմն լսեցեք ինձ: Այս երրորդ օրն է, ինչ որ ես այս քաղաքի մեջ եմ գտնվում, և այն րոպեից ի վեր, երբ դուք նավահանգստում ձեր առաջին հայացքը ձգեցիք ինձ վերա, իմ միտքը էլ ուրիշ ոչնչով չէ զբաղվում, ձեր այդ հայացքը ինձ հալածում է ամեն տեղ... Երեկ իսկ ձեր այգում դուք կրկնեցիք այդ հայացքը ձեր կենացի ժամանակ, և նույն րոպեին իմ ոսկորների մեջ սարսուռ ընկավ, երեկվանից սկսած անհանգստությունը ճնշում է իմ հոգին, ես զգում եմ որ մի անսովոր կրակ այրվում է այստեղ, իմ կրծքի տակ... Ես մինչև այսօր չեմ սիրել, բայց զգում եմ որ սիրում եմ ձեզ, օրիորդ, դուք պետք է անողոք չլինեիք...

Այս խոսքերը արտասանելու ժամանակ ես չգիտեմ ինչպես էր պատահել, որ նրա ձեռքը ես սեղմում էի իմինի մեջ. բայց նա, որ մինչև այն համբերությամբ լսում էր իմ խոստովանությունը, հետ քաշեց յուր ձեռքը և մեղմով պատասխանեց.

— Ես երբեք չեմ շտապում. մի՞ պահանջեք ինձանից այն, ինչ որ ես չեմ կարող ձեզ տալ առանց կատարյալ վստահության: Իմ բոլոր ձեռնարկությանց մեջ ինձ առաջնորդում են՝ իմ գիտակցությունը և համոզմունքը: Ապացույցներն անգամ արժեք չունին իմ առաջ, որովհետև նրանց ամեն գնով և ամեն տեղ կարելի է ձեռք բերել:

— Դուք շատ խիստ եք, օրիո՞րդ, — բացականչեցի ես — հավատացե՞ք, որ երբեք չէի հանդգնիլ մոտենալ ձեզ, եթե չզգայի իմ մեջ բավական ուժ ձեր բոլորանվեր ջերմեռանդությամբ պաշտելու համար... բայց և այնպես ես չեմ կամենում ձեր սերը մուրանալ, որովհետև երբեք չէի հոժարիլ, որ մի մուրացողին պատկաներ ձեր սիրտը, որին ես այնքան մեծագին եմ դավանում:

— Դուք կարող եք իշխել այդ սրտի վերա, եթե կամենաք, — հակիրճ պատասխանեց Մարգարիտան և իմ ձեռքս ամուր սեղմելով հեռացավ: Ես ուրախությունից մի վայրկյան անզգայացա: Երբ դիմեցի պարահանդեսի դահլիճը, նա արդեն խառնվել էր օրիորդների խմբի մեջ:

Ժ

ՏԱՐՕՐԻՆԱԿ ԽՆԱՄԱԿԱԼ

Հետևյալ առավոտը Մարգարիտայի աղախինը եկավ մեր տուն: Սա մի երիտասարդ աղջիկ էր, բարի և համակրական դեմքով: Մտնելով սենյակը նա հանձնեց ինձ մի նամակ, ավելացնելով, որ յուր տիրուհին խնդրել էր ինձ գնալ իրենց մոտ: Ես շտապով ծրարը բացի, նրա մեջ օրիորդը ներփակել էր հետևյալ տողերը.

«Հարգելի բարեկամ.

Ես մոռացա մի քանի տեղեկություններ հաղորդելու ձեզ: Այսօր ներ անհրաժեշտ է, որ իմ սխալը ուղղեմ: Նամակս ստանալուն պես բարեհաճեցեք շնորհ բերել մեզ մոտ: Ձեր ուշանալը կարող է խանգարել իմ դիտավորությունը:

Ձեր աղախին՝

Մարգարիտա Լուսինյան»:

Երբ նամակաբերը դուրս գնաց, քույրս հարցրեց.

— Ո՞վ է գրել այդ նամակը:

— Օրիորդը, — պատասխանեցի ես միամտաբար:

— Մարգարիտա՞ն, — զարմացմամբ բացականչեց նա, — չեմ կարող հավատալ:

— Մի՞թե այդ հանցանք է նրա համար, — նկատեցի ես: — Նա յուր մոր կողմից ինձ հրավիրում է, ի՞նչ զարմանալու բան կա այստեղ:

— Այսուամենայնիվ Մարգարիտան հեշտությամբ չէր ստորագրիլ այդ նամակին: Պետք է մտածել ուրեմն, որ նա չափազանց շատ է հարգում քեզ:

Ես հասկացա իմ քրոջ ակնարկությունը, բայց երկարելու ժամանակ չկար, ես պետք է շտապեի օրիորդի մոտ:

Մի քառորդ ժամից ետ կառքս դղրդալով կանգնեց Լուսինյանների տան առաջ: Օրիորդը ինձ դիմավորեց սանդուղքի վերա և առաջնորդեց իրենց ընդունարանը:

Սա միջին մեծությամբ մի սենյակ էր, կահավորված թավիշեպատ դիվանով և բազկաթոռներով, նրանց մեջտեղում հարուստ սփռոցով ծածկված սեղանի վերա հանգչում էր մի ճենապակյա շքեղ կանթեղ, մի քանի գեղեցիկ նկարներ ոսկեզօծ շրջանակներով զարդարում էին սենյակի պատերը, իսկ այդ բոլորի վերա իշխում էր Պիոս 9-րդի մեծադիր պատկերը, որը դրված էր արծաթյա գեղաքանդակ շրջանակի մեջ:

— Իմ ծնողները տանը չեն այսօր, — սկսեց խոսել Մարգարիտան: — Նրանք գնացին մեր այգին տեսնելու, այնտեղ մի ինչ-որ զանցառություն է գործվել մեր այգեպանի կողմից: Ես չկամեցա նրանց ընկերանալ, որովհետև անպատճառ ուզում էի ձեզ տեսնել: Ես գաղտնիքներ ունիմ ձեզ հայտնելու:

Այս ասելով Մարգարիտան նստեց դիվանի վերա և առաջարկեց ինձ ևս նստել յուր կողքին:

Ես հրաժարվեցի այդ պատվից և կամեցա նստել բազկաթոռի

վերա, որովհետև գիտեի, թե որքան շատ է հարգում նա համեստությունը:

— Ոչ, այդ ես եմ խնդրում ձեզ, — նկատեց նա, — ես կամենում եմ, որ դուք այս անգամ ինձ մոտ նստեք:

Ես հնազանդվեցա:

— Այժմ լսեցեք իմ պատմությունը — ասաց նա և սկսավ կամացուկ ձայնով խոսել:

— Այսօր շատ առավոտանց մեր տան դուռը ծեծում են. ծնողներս դեռ քնած են: Ես վաղ էի զարթել, ո՞վ պետք է լինի՝ մտածում եմ, և ահա Մարի՛ն, իմ աղախինը, մի նամակ է բերում ինձ: «Սա պատեր-Սիմոնիցն է, — ասում է նա, — նամակ բերող ծառան պատվիրեց ինձ, որ անպատճառ աղային հանձնեմ»: Հայցեն կարդում եմ — հորս վերան է: Պետք էր ի՛հարկե հանձնել նրան: Բայց Մարիի այն խոսքը թե՝ «ծառան պատվիրեց անպատճառ հորս ձեռքը հանձնել նամակը» ինձ կասկածի մեջ գցեց: Երբեք ես այդ մարդուց բարիք չեմ սպասել, և հավատում էի, որ այդ նամակը չարիքից զատ ուրիշ ոչինչ չէ պարունակում յուր մեջ: Տխուր նախազգացումը ինձ անհանգստացնում է, և ես բանում եմ այդ նամակը — ահա՛ նա, կարդացեք:

«Սիրելի որդյա՞կ, որքան էլ ես կամենայի չհեռացնել ձեր ընտանիքի վերայից իմ հսկողությունը, այսուամենայնիվ ես ամենայն տեղ նրան հետևել անկարող եմ. դուք էլ պետք է մասամբ օգնեք ինձ այդ գործում: Դուք շատ լավ գիտեք թե ես որքան եմ հոգում մանավանդ ձեր միամոր դստեր, իմ սիրելի Մարգարիտայի մասին, գիտեք, թե ինչպես դողում եմ նրա պատվի և անվան համար: Այսուամենայնիվ իմ Կլեմեսը (յուր սարկավագի անուն է) տեսել է, որ երեկ գիշեր նա զբոսնում է եղել քաղաքային այգու մթին ծառուղիներից մինում ձեր նոր հերետիկոս բարեկամի — Արամ Բյուրատյանի հետ; Զգուշացե՞ք այդ երիտասարդից, աղաչում եմ, դուք կարող եք կորցնել ձեր աղջկանը: Այդ երիտասարդը այն հերետիկոս վարժապետից ավելի վտանգավոր է երևում իմ աչքում, զգուշացե՞ք:

Սուրբ Տիրամոր նվաստ ծառա:

պատեր-Սիմոն»:

Երբ նամակը կարդացի մնացի շվարած: Նամակագրի չարախոսության նպատակը ինձ համար հասկանալի էր: Մարգարիտան սկսեց խոսել.

— «Դուք այս նամակից ոչինչ չեք հասկանում, այնպես չէ՞, բայց ես իսկույն ամեն բան կբացատրեմ ձեզ, լսեցեք:

Մի քանի տարի սրանից առաջ Սարատովից եկել էր մի երիտասարդ քահանա այստեղի կաթոլիկ հայերին հովվելու համար: Նրան անվանում էին պատեր-Պետրե: Եվ որովհետև այն ժամանակ այստեղի կաթոլիկների թիվը մեծ էր, ուստի նա մշտապես բնակվում էր այս քաղաքում: Երկու տարի շարունակ ես կարդում էի նրա մոտ իտալերեն և ֆրանսերեն լեզուներ: Վարժապետս գովում էր իմ ընդունակությունը և ծնողներս ամենայն տեղ պարծենում էին իմ ընդունակությամբ:

Բայց մի բախտավոր դիպվածով ես մի օր հասի այն գիտակցության, որ անհրաժեշտ էր ինձ համար սովորել և իմ մայրենի լեզուն: Դրա համար ես թախանձեցի շատ իմ ծնողներին, և նրանք ինձ համար վարձեցին մի հայագետ վարժապետ, որը յուր ընտանիքով ապրում էր այստեղ: Այս նորությունը պատեր-Պետրեին դուր չեկավ և իմ ծնողներին պատժելու համար հրաժարվեցավ ինձ իտալերեն և ֆրանսերեն լեզուները սովորեցնելուց: Այս բանը շատ վշտացրեց իմ ծնողներին, բայց ինձ ընդհակառակը մեծ ուրախություն պատճառեց:

Պ. Սերովբյանը (սա էր իմ վարժապետի անունը) մի ազնվասիրտ և զարգացած երիտասարդ էր. նա ամեն ջանք գործ դրավ իմ մտավոր ընդունակությունները ուղիղ ճանապարհով զարգացնելու: Երեք տարի շարունակ ես պարապում էի նրա մոտ:

Պատեր-Պետրեն հաճախ տեսնվում էր ինձ հետ զանազան շրջաններում, բայց հազիվ հաջողում էր նրան խոսել ինձ հետ: Ես միշտ խույս էի տալիս նրա քարոզներից: Մի օր վերջապես ես վեճի բռնվեցա նրա հետ ազգականներից մեկի տանը, հենց այն ժամանակ, երբ նա Հռովմի համաշխարհային իշխանության համար ստրուկներ էր որսում: Ես չկարողացա տանել նրա անարդար հայհոյանքները դեպի մեր լեզուն և կշտամբեցի նրան դառն հանդիմանություններով: «Մոլորյալ, — բացականչեց նա կատաղությամբ, — ես ցույց կտամ քո ծնողացը և վարժապետին, թե ում դեմ են զինում նրանք քեզ նման մի թշվառ արարածին: Ես կպատժեմ նրանց հերետիկոսությունը»:

Մյուս օրը պատեր-Պետրեն հեռացել էր այս քաղաքից, հասկացնելով տեղացի կաթոլիկներին թե՝ որովհետև Լուսինյանները իրենց տան մեջ հերետիկոս և հերձվածող մարդիկներ են պահում, որոնք շուտով պիտի վարակեն սրբազան քահանայապետի սիրեցյալ հոտը և որովհետև ինքը անձեռնահաս է այդ հերետիկոսության սերմը արմատից խլելու, հետևապես հեռանում է այս քաղաքից՛ հերձվածողների շնչած օդը չծծելու և դրանով դժոխոց բաժին չդառնալու համար: Սրա հետ միասին նա սրբազան քահանայապետի անունով անիծել էր այն բոլորին, որոնք մեզ հետ հարաբերություն կունենային:

Պատեր-Պետրեի այս վարմունքը մեծ դժգոհությանց պատճառ դարձավ: Այս քաղաքի բոլոր կաթոլիկ-հայերը թշնամացան մեր ընտանիքի հետ և նրանցից շատերը մեզ հետ բնավ կենակցություն չանելու համար հեռացան այս քաղաքից:

«Մարգարիտա, դու ինձ կատարելապես կործանեցիր, ասում էր ինձ հաճախ իմ հայրը, դու իմ անպատվության պատճառ դարձար ...»:

Ես ոչինչ չէի կարողանում խոսել, որովհետև նրան անհասկանալի և անմատչելի էին իմ գաղափարները:

Քիչ ժամանակից հետո այստեղ ժամանեց մեր այժմյան պատեր-Սիմոնը: Նա ավելի փորձված և ավելի ճարպիկ էր, քան թե յուր նախորդը: Տեղեկանալով գործի դրությանը, նա շտապեց հաշտեցնել մնացող ընտանիքներին մեր տան հետ: Բայց սկսեց անողոք հալածանք իմ խեղճ վարժապետի, այն ազնիվ և բարի Սերովբյանի դեմ՝ իբրև չարյաց սկզբնապատճառի: Ամեն տեսակ ստոր մատնություններ արավ նա նրա վերա, ամեն տեսակ կեղտ քսեց նրա երեսին, մինչև որ բոլոր քաղաքի մեջ խաղք խայտառակ շինելով յուր ընտանյաց հետ միասին արտաքսել տվավ այստեղից:

Հեռանալու ժամանակ նա լաց լինելով ասաց ինձ.

«Մարգարիտա. ես մեծ զրկանքներ կրեցի այստեղ, բայց ուրախ եմ որ դրա փոխարեն քեզ նման անմեղ մի աղջկանը ազատեցի: Ես հավատում եմ, որ այսուհետև քո սրտի անդաստանը հարյուրապատիկ կպտղաբերէ յուր ընդունած սերմերը, ես դրանով էլ վարձատրված եմ»:

Ես ինքս շատ վշտացա, երբ նա հեռացավ այստեղից, բայց կորուստը դարմանելու հնար չկար: Պատեր-Սիմոնը անպարտելի ուժ և զորեղ պաշտպանություն ուներ... Ինձ միայն մնում էր դրանց հաղթելու համար զարգացնել իմ մեջ Սերովբյանի ներշնչած ուսումն և նրանով առաջնորդել ինձ դեպի ուղիղ ճանապարհը...

Բայց պատեր-Սիմոնը իմ հոր վերա կատարելապես տիրելու համար, հայտնեց նրան՝ որ պատեր-Պետրեն արդեն Սարատովի լատին եպիսկոպոսի միջոցով հաջողել էր հերետիկոսների անվանց ցանկի մեջ մտցնելու նրա անունը և այդ ցանկը սրբազան պապին ներկայացնելու:

Այդ հայտնությունը ինքն ըստ ինքյան սուտ և շինծո բան էր, բայց հորս վերա զգալի ներգործություն արավ: Յուր մեղքը քավելու համար նա պետք է, պատերի ասելով. դիմեք Հռովմ՝ սրբազան պապի ոտքերը համբուրելու: Եվ նա այնպես էլ արավ: Դուք երևի հիշում եք որ անցյալ օր նա մի առիթով հիշեց յուր Հռովմ գնալը: Ես ամաչեցի և վախենալով թե ձեր հարցի վերա նա կհայտներ յուր գնալու բուն նպատակը, ես ինքս շտապեցի պատասխանելու, որ նա ճանապարհորդելու նպատակով է գնացել այնտեղ:

Հռովմից դառնալուց ետ հայրս այնպես էր տոգորված մոլեռանդությամբ, այնպես սովորել էր խորշել յուր հայադավան ազգակիցներից, որ պատեր-Սիմոնը հանգիստ սրտով կարողացավ մինչև անգամ ամիսներով բացակայել այս քաղաքից, հավատացած լինելով՝ որ էլ այնուհետև ոչ մի Սերովբյան չէր կարող շեղել նրան ճանապարհից:

Երկար, շատ երկար տևեց, որ ես նրան կրկին մոտեցրի այստեղի հայադավան ընտանիքներին, հասկացնելով նրան կրոնական համոզմանց և մտերմական բարեկամության մեջ եղած տարբերությունները:

Այսուամենայնիվ մինչև այսօր էլ հայրս պատեր-Սիմոնին հարգում է և երբեք նրա խոսքից դուրս չէ գալիս, որովհետև միայն նրա խորհրդով և շնորհիվն է, որ նա արժանացել է սրբազան պապի ոտքերը համբուրելու և դրանով դժոխոց տանջանքներից ազատվելու: Այնպիսի դեպքերում, որպիսին հորս տեղացի հայադավանների հետ բարեկամություն անելն է, պատեր-Սիմոնը յուր նախորդին չէ հետևում: Նա ավելի ներողամիտ և համբերող է, որովհետև համոզված է, որ այդպիսի անվնասակար դիպվածներում կոպիտ բռնությունը կարող է ապստամբեցնել յուր հպատակներին: Բայց հիմնական և ծանրակշիռ գործերում նա անողոքելի է: Տեսնո՞ւմ եք, նա Սերովբյանի մեջ նկատել էր մի գրական թշնամի, մի մարդ, որի վարդապետությունը հիմն ի վեր է կործանում այն զորավոր սյուները, որոնց վերա բարձրացած է պապական գերիշխանությունը, այդ պատճառով նա նրան հալածեց և հալածեց անողորմաբար: Այժմ միևնույն զորավոր թշնամին նա ձեր անձնավորության մեջ է տեսնում, բայց այս անգամ բոլորովին տարբեր պատճառներով: Նրա սրատես աչքերից չէին կարող ծածկվիլ մեր միմյանց ուղղած հայացքները. և ահա յուր Կլեմեսի միջոցով լրտեսել է իմ հետքերը պարահանդեսի ժամանակ, նա լավ ապացույց է ձեռք բերել ձեզ մեր տանից հեռացնելու համար: Բայց նա դրանով չի բավականանալ: Նա Լոյոլայի ամենաճարպիկ աշակերտներից մինն է, և ճիշտ կարողացել է գուշակել՝ թե ի՞նչ եւք կունենա մեր երկուսի մտերմական հարաբերությունները: Այդ պատճառով նա կուսումնասիրե ձեր բնավորությունը, կծանոթանա ձեր դիտումներին, կլրտեսե ամեն տեղ ձեր հետքերը, և անհերքելի ապացույցները ձեռքին կսկսե յուր հալածանքը, ոչ միայն ձեր այլ և քրոջդ ընտանիքի դեմ: Եվ որովհետև ես վճռել եմ այլևս չթաքցնել ձեզանից իմ զգացմունքները, որպեսզի անտեղի զգուշությամբ վտանգների մեջ չգլորվիմ, ուստի բացարձակապես խոստովանում եմ, որ դուք, Արամ, արդեն իշխում եք իմ հոգվո վերա և որ իմ սիրտը կատարելապես պատկանում է ձեզ...»:

Այս խոսքի վերա նա քնքշաբար պարզեց ինձ յուր ձեռը, ես ծնկի վերա գալով ջերմությամբ համբուրեցի նրան:

— Այժմ լսեցեք, — ասաց նա, բարձրացնելով ինձ, — դուք պետք է ներեք իմ սառն վարմունքը դեպի ձեզ, մի քանի դեպքերում: Մենք աղջիկներս առհասարակ ավելի շուտ ենք գրավվում և ավելի շուտ հավատում: Այր մարդիկ միշտ ի չարն են գործ դնում մեր անմեղ վստահությունը, այդ պատճառով և մենք միշտ ավելի ենք տուժում:

Չի պիտի զարմանաք ուրեմն, որ այս ճշմարիտ գիտակցության հասած մի անձն հեշտությամբ չէ կարողացել հավատալ առաջին պատահողին, մանավանդ որ մեր դարում ազնվություն կեղծելը և հավատարմություն խոստանալը՝ հասարակ քաղաքավարության կարգն է անցել: Ես խոստովանում եմ, որ դեռ դողում եմ այսքան հապճեպ ձեզ իմ սիրտը բանալով, բայց մի կողմից իմ անկեղծ սերը և մյուս կողմից պատեր-Սիմոնի ձեզ համար լարած մեքենայությանց մոտալուտ վտանգը, ինձ ստիպեցին շտապեցնել իմ խոստովանությունը... Ես ասացի ձեզ բոլորը, ես հանձնեցի ձեզ իմ սիրտը և նրա հետ էլ իմ բախտը և պատիվը: Արեք նրանց հետ ինչ կամենում եք, բայց ի սեր երիտասարդության պատվույն, մի ավելացնեք կնոջ հավատը կործանող անարժան ուխտադրուժների թիվը...

Մարգարիտայի այս խոսքերը բոցավառ կայծակների նման տանջում էին իմ սիրտը. բայց ես հնար չունեի պատառել նրան և ցույց տալ իմ աստվածուհիվույն այն սրբազան կրակը, որ հրդեհում էր նրա մեջ:

— Մարգարիտա, — բացականչեցի ես, — եթե երբևիցե այս սիրտը մոլորվելու լինի, հավատա ինձ, որ ևս կխլեմ նրան իմ կրծքից, որպեսզի մինչև իմ վերջին շունչը օտար կրակով չպղծվի այն սեղանը, որի վերա Մարգարիտան երկրպագվեցավ...

— Ոչինչ կասկած էլ չէ վրդովում իմ սիրտը, Արամ, — հաստատուն ձայնով խոսեց Մարգարիտան, — դու ինձ սիրում ես, ես հավատում եմ, ինչպես հավատում եմ աստուծո գոյության: Այժմ մտածենք մեր ապագա երջանկության վերա: Գնա՞ դու այստեղից և միջոցներ որոնի՛ր ամենից առաջ պատեր-Սիմոնի թակարդների մեջ չընկնելու, վաստակիր մինչև անգամ նրա բարեկամությունը, եթե կարող ես այդ անել առանց ազնվության դեմ մեղանչելու: Ես մինչև մահվանս շունչը քեզ հավատարիմ եմ:

— Երբ դու ինձ հետ ես, Մարգարիտա, ինձ չեն կարող հաղթահարել ո՛չ պատեր-Սիմոնի և ո՛չ եզվիտների ամբողջ լեգեոնի մեքենայությունները: Ես կապրեմ քեզ համար և կմեռնիմ միայն քեզ համար, այս հաստատ է, — պատասխանեցի ես:

Այս խոսքերից հետ մենք բաժանվեցանք:

Սանդուղքներից իջնելու ժամանակ Մարգարիտան ժպտալով ասաց.

— Ես այնպես գրավվեցա իմ պատմություններով, որ անքաղաքավարությամբ սուրճ էլ չհրամեցրի քեզ:

— Դու այնքան շատ քաղցրություններ վայելել տվիր ինձ, որ սուրճը ավելորդ կլիներ, — պատասխանեցի ես ծիծաղելով և դուրս գնացի:

ԺԱ

ԱՎԵՏԻՔ

Շատ անգամ ապագա երջանկության հույսը այնպիսի ուրախություն է ներշնչում մարդու մեջ, որի նմանը նա չէ ունենում նույնիսկ բուն երջանկությանը հասած ժամանակ: Այդ տեսակ ուրախություն էր լցված իմ սրտի մեջ, երբ ես Մարգարիտայի տնից վերադարձա: Նրա ինձ արած սիրո խոստովանությունը իմ ցնորքների լրումն էր: Պատեր-Սիմոնի մասին խոսածները զրեթե մոռացել էի: Եվ իրավ, ի՞նչ կարող էր անել ինձ մի մարդ, որից ես կախում չուներ: Դրա մասին մտածելը, ինձ համար երկրորդական խնդիր էր: Երբ տուն հասա, քույրս տեսնելով իմ անսովոր ուրախությունը, հարցրավ պատճառը: Ես, իհարկե, ոչինչ չթաքցրի և ամեն բան մի առ մի պատմեցի նրան: Նա այնպես ուրախացավ, և պատմեց, թե ինչպես ինքն էլ միևնույնը գուշակում է եղել:

— Առաջին օրից իսկ, երբ դուք պատահեցիք միմյանց, — ասաց նա, — ես Մարգարիտային քեզ համար հարսնացու ընտրեցի: Այժմ ուրախ եմ, որ իմ ցանկությունը կատարված եմ տեսնում: Բայց ինչ որ Մարգարիտան պատեր-Սիմոնի մասին խոսակցել է, — ավելացավ քույրս, — դրանք բոլորը ուշադրության արժանի բաներ են: Քո նպատակին դյուրավ հասնելու համար անհրաժեշտ է որ պատեր-Սիմոնի բարեկամությունը վաստակես, որովհետև նրա խոսքը մեծ կշիռ և նշանակություն ունի Մարգարիտայի ծնողաց համար:

Այնուհետև մենք որոշեցինք, որ քույրս յուր ամուսնու հետ միասին խնամախոս գնար նրա ծնողաց մոտ: Բայց այս բանի համար անհրաժեշտ էր նախ և առաջ Մարգարիտայի համաձայնությունը ստանալ:

Սույն ավուր երեկոյան ես նրա հետ տեսնվեցա քաղաքային այգվո մեջ: Մենք ժամադիր չէինք եղած, բայց կարծես նախազգացմամբ գիտեինք, որ պիտի պատահենք միմյանց, նա եկել էր այդտեղ Մարիի հետ:

Առաջին անգամ երբ Մարգարիտան ինձ տեսավ, շառագունեց: Նա կարծես ամաչում էր յուր ինձ արած խոստովանությունից: Ես նույնպես մի րոպե այդ շփոթությանը ենթարկվեցա: Բայց մի քանի վայրկյանում ամեն բան անցավ: Մենք մոտեցանք և ջերմությամբ ձեռք սեղմեցինք:

Մի քանի խոսք փոխանակելուց հետո, Մարին կամաց կամաց հեռացավ մեզանից և խառնվեցավ յուր ծանոթ աղախինների խմբի մեջ, որոնք իրենց տիրուհիների փոքրիկները զբոսեցնելու էին բերել:

Մենք նույնպես խույս տվինք դեպի մենավոր ծառուղիները:

— Չե՞ս զարմանում, որ պատեր-Սիմոնի այսօրվա նամակից հետ ես դարձյալ եկել եմ քեզ հետ զբոսնելու, — ծիծաղելով հարցրեց ինձ Մարգարիտան:

— Քո խոստովանությունը լսելուց ետ, մի՞թե պետք է զարմանայի, — պատասխանեցի ես:

Մարգարիտան մի խորհրդավոր ակնարկ ձգեց ինձ վերա և ժպտաց:

« — Բայց ես իմ պատմությունը շարունակելու համար եկա, — ասաց նա: — Այսօր հեռանալուց քիչ ժամանակ հետո ծնողներս այգուց վերադարձան: Պատեր-Սիմոնի նամակը ես բաց հանձնեցի հորս, նա կարդաց նրան և զայրացավ: Բայց այդ զայրացումը ոչ թե իմ, այլ պատեր-Սիմոնի դեմ էր: Հայրս զգաց թե որ աստիճան պետք է վիրավորված լինեի ես այդ նամակը կարդալով.

Ինչո՞ւ համար չպատռեցիր նրան, ի՞նչ նպատակով տվիր ինձ այդ նամակը, — հարցրեց նա դժգոհությամբ:

— Որովհետև նա քո անունին էր ուղղված, իսկ ես սխալմամբ էի բացել, — պատասխանեցի ես: — Բացի այդ. անհրաժեշտ էր որ դու տեղեկանայիր թե քո աղջիկը ի՞նչ անվայել գործեր է կատարում — մութ ժամանակ զբոսնելով այգիում օտար երիտասարդների հետ, և թե քո լրտեսները ինչպես լավ հսկում են նրա վերա, — ավելացրի ես դառնությամբ:

— Մարգարիտա՛, դու ինձ կրկնակի ես վիրավորում, — սրտնեղությամբ բացականչեց հայրս, — ես լրտեսներ չունիմ ես իմ աղջկա վերա խնամակալներ կարգելու էլ հարկավորություն չունիմ... ինչո՞ւ համար ինձ ես վերագրում ուրիշի հանցանքը:

Իմ հոր այս բարեսիրտ պատասխանը այնքան շարժեց իմ սիրտը, որ ես լաց եղա, դա ներքին ուրախության արտահայտություն էր. բայց հայրս այնպես կարծեց թե տխրությունից եմ արտասվում: Նա գրկեց ինձ և սկսավ ամոք խոսքերով իմ սիրտը սփոփել: Ներս մտավ և մայրս:

— Ի՞նչ է պատահել, ինչու՞ համար ես լաց լինում, — անհանգստությամբ հարցրեց նա:

Հայրս ամեն բան պատմեց նրան: Ես չեմ կարող նկարագրել թե այդ րոպեին ո՞ր աստիճան կատաղեց նա:

— Այդ մարդը այժմ էլ իմ մի հատիկ աղջկա համար է դավեր լարում, — գոչեց նա զայրացած: — Ի՞նչ ունի նա մեզ հետ բաժանելու, ո՞վ է նրան վերակացու կարգել իմ տան և ընտանիքի վերա: Բավական չէի՞ն արդյոք անցյալ տարիների նրա ձեռքով մեր ընտանիքում սերմանած երկպառակությունները և այժմ էլ դեռ նորե՞ն է ուզում ստեղծել... — Այս խոսքերի վերա նա կանչեց ծառային և հրամայեց գնալ և պատեր-Սիմոնին հրավիրել. նա կամենում էր խնդրել նրան, որ երկրորդ անգամ յուր տան խաղաղությունը խանգարելու փորձեր չանե: Դժբախտաբար պատվելին այսօր վաղ առավոտ հեռացած է եղել քաղաքից: Ծառան եկավ և հայտնեց, որ պ. Կլեմեսը ասել է նրան, թե մինչև երեք օրը կվերադառնա, որովհետև սեփական գործի համար մոտակա գյուղն է գնացել:

Այդ ժամանակ միայն հանելուկը ինձ համար լուծվեցավ: Ես չէի կարողանում հասկանալ, թե ինչպե՞ս կարելի էր, որ պատեր-Սիմոնը նամակով աներ յուր այդ չարախոսությունը: Ես գիտեի, որ նա այդպիսի դիպվածում անձամբ կներկայանար հորս՝ կասկածը ավելի ճարպկությամբ նրա սրտի մեջ սերմ անելու: Բայց նա դրա համար ժամանակ չէ ունեցել և ի չարյաց փոքրագույնն ընտրելու համար այս անգամ դավաճանել է յուր սկզբունքին: Ինչ որ է, այս հանգամանքը մեր օգտին է ծառայել: Դու դեռ չգիտես թե իմ մայրը որ աստիճան քնքշությամբ է սիրում ինձ և թե որքան բարեսիրտ է նա: Խեղճ կինը չկարողացավ տանել իմ տխրությունը: «Մարգարիտա, ասաց նա ինձ գրկելով, — եթե պատվելին քեզ վիրավորել է յուր այդ չարախոսությամբ, ես դրա փոխարեն կամենում եմ վրեժխնդիր լինել նրան, եթե միայն այդ բանը քեզ կարող է ուրախացնել: Խոստովանիր ինձ ճշմարիտը, եթե դու համակրում ես Բյուրատյանին և կարող ես սիրել նրան, ես քեզ կամուսնացնեմ նրա հետ, այդ մասին երեկ պարահանդեսում ինձ հետ խոսում էր նրա քույրը, ես տեղեկացելեմ, որ այդ երիտասարդը անտարբեր չէ դեպի քեզ»:

— Միթե այդպես բան կա, ուրեմն պատվելին հոտ է առել, — ծիծաղելով խոսեց հայրս, — դեհ, սիրելիս, ասա ինձ, ես ուրախությամբ կշնորհավորեմ քո նշանադրությունը:

Ես զգացի որ շառագունում եմ, բայց ոչինչ չկարողացա պատասխանել:

— Ամեն բան վերջացած է, — ասաց հայրս, ուրախ ուրախ ծիծաղելով, — մնում է, որ Մարգարիտան այս դեպքում էլ մի փոքր ճշմարտախոս լինի: Իմ ծնողաց ուրախ տրամադրությունը ինձ սիրտ տվավ:

— Այո, ես սիրում եմ Բյուրատյանին, — ասացի ես և ամաչելուց գլուխս գետին խոնարհեցի:

Իմ ծնողաց այս վարմունքը ինձ համար անսպասելի էր: Երբեք ես չէի կարող կարծել, թե բախտը այսքան շուտով կծիծաղեր ինձ, և մանավանդ, թե իմ հայրը կկարողանար այսքան աննպաստ ցույցեր անել պատեր-Սիմոնի վերաբերութեամբ: Նա մինչև անգամ մոտեցավ և կաթոգին համբուրեց ինձ, ասելով.

— Ոչ մի բանի վերա մի մտածիր, որդյակս, իմ կյանքի նպատակը քո բախտավորությունն է, եթե դու ընտրում ես Բյուրատյանին քեզ ընկեր. ես այդ բանին բնավ ընդդեմ չեմ. նամանավանդ որ երիտասարդը դեռ անցյալ օրվանից գրավել է իմ համակրությունը և սերը:

Դու կարող ես այժմ երևակայել, Արամ, թե որքա՞ն մեծ կլիներ իմ ուրախությունը: Ես չգիտեի թե ինչպես արտահայտեմ իմ շնորհակալությունը: Բայց նրանք արդեն ամեն բան կարդում էին իմ երեսի վերա և ինձ հետ միասին ուրախանում: Երբ ես միայնակ մնացի, սկսա մտածել այս առավոտվա քեզ տված տեղեկությունների վերա: Ես գիտեի, որ պատեր-Սիմոնի մասին պատմածներս քեզ կարող էին անհանգստացնել, ուստի կամեցա մի ժամ առաջ հայտնել քեզ այս բոլորը: Բայց ինչպե՞ս անեի, նամակ գրելու հարմարություն չկար, ձեր տունը գալ չէի կարող: Մտածեցի գալ այգի, ես գուշակում էի որ դու այստեղ կլինես, և ահա իմ նախազգացումը ինձ չդավաճանեց»:

Մարգարիտայի բոլոր պատմածները ես լսում էի գրեթե հիացած: Իմ երազները վերջապես իրականություն էին ստացել, Մարգարիտան իմն է... Եվ այս միտքը լցնում էր իմ սիրտը մի անսպառ և անսահման ուրախությամբ, որը գնալով աճում և զեղում էր իմ բոլոր երակների մեջ:

Բայց ես հազիվ կարողացա մի քանի խոսք ասել նրան. Մարգարիտան շտապում էր:

— Ես միայն այս ավետիքը քեզ բերելու եկա, — ասաց նա ինձ, — այժմ թույլ տուր, որ բաժանվիմ քեզանից, որովհետև ես մորս խոստացա մի շրջան միայն անել այգում և իսկույն վերադառնալ: Մարին ինձ սպասում է. մնացյալը դու ինքդ կարող ես կարգադրել...

Այս ասելով նա սեղմեց իմ ձեռը և հեռացավ: Մարին յուր ընկերուհիների խմբից դուրս գալով ընկերացավ նրան և երկուսը միասին շտապով ուղղվեցան դեպի տուն:

ԺԲ

ՆՇԱՆԱԴՐՈՒԹՅՈՒՆ

Հետևյալ առավոտ քույրս և փեսաս գնացին Լուսինյանների տունը Մարգարիտայի համար խնամախոսելու: Տիկին և պարոն Լուսինյանները, հայտնել էին, որ իրենք արդեն սպասում էին այդ առաջարկությանը, ուստի մեծ ուրախությամբ ընդունելով այն, խոստացել էին տալ ինձ իրենց դստեր ձեռքը: Այդ միևնույն օրը ես հրավիրվեցա Լուսինյանների տունը և ես գրեթե ամբողջ օրը նրանց մոտ անցուցի:

Մյուս ավուր երեկոյան պետք է կատարվեր նշանադրության հանդեսը: Բայց մինչև որ այդ ժամը կհասներ, ես անհանգստությունից տանջվում էի: Մարգարիտայի փոքրիկ անցյալին ծանոթանալուց ետ դժվար չէր ինձ գուշակել, որ մեր այդ բարեկամությունը պատեր-Սիմոնի համար շատ, անախորժ պիտի լիներ, հետևապես ցանկանում էի, որ այդ պաշտոնական արարողությունը, որին նշանադրություն են անվանում, կատարվեր որքան կարելի է շուտ, որպեսզի պատեր-Սիմոնը յուր ներկայությամբ չխանգարեր մեզ: Դժբախտաբար այն ժամադրությունը, որ նշանադրության համար նշանակել էին Լուսինյանները, նպաստում էր իմ անհանգստության ավելանալուն, որովհետև հենց այդ երեկոյան էլ պատերը պիտի վերադառնար յուր ճանապարհորդությունից: Ես հավատում էի, որ նշանադրությունը կատարվելուցետ, նա էլ ոչնչով մեզ խանգարել չէր կարող:

Ցանկալի երեկոն մոտենում էր: Մարգարիտայի և յուր ծնողաց պատվույն վայել պատրաստությամբ մենք սպասում էինք վերջնական հրավերին: Մեր տան մեջ հավաքվել էին իմ քրոջ և փեսայի բարեկամներից և բարեկամուհիներից շատերը: Այդտեղ եկավ և Հովհաննես քահանա Մարանջյանը յուր կնոջ և դստեր հետ: Ես ծանոթացա նրա հետ առաջին անգամ մեր տան մեջ:

Սա մի բարձրահասակ, վայելչակազմ, փառավոր մորուքով և քաղցր ու ամոք դեմքով քահանա էր մոտ քառասուն և հինգ տարեկան: Առաջին անգամ նրա վերա նայելով՝ մարդ կամա ակամա մի խորին երեկյուղածություն և պատկառանք էր զգում: Նրա ձայնը, խոսակցությունը և ժպիտը կազմում էին մի քաղցր և գրավիչ ներդաշնակություն, նրան կարելի էր ժամերով լսել և երբեք չձանձրանալ: Տեր-հոր խոսակցության նյութը իմ և Մարգարիտայի միությանն էր վերաբերում: Բոլորին հայտնի էր, որ ես հայադավան էի, իսկ իմ հայ հարսնացուն կաթոլիկ: Ներկա եղողներից մինը, որ խիստ ջերմեռանդ էր, բայց երիտասարդական ոչինչ չուներ յուր վերա, անհաջող էր գտել իմ ընտրությունը, ըստ որում յուր կարծիքով ես մեծ սխալմունք էի գործում օտարուհվո հետ ամուսնանալով:

— Նրանցից ոչ մինը օտար չէ մյուսի համար, — ասում էր տեր-հայրը: — Երկուսն էլ միևնույն ազգի անդամներ են. երկուսն էլ հայ ծնողաց զավակներ են: Եթե բախտի բերմունքով նրանք այսօր առանձին են աղոթում, եթե նրանցից մեկը տեր-Հովհաննեսին է դիմում յուր հանցանքը խոստովանելու և մյուսը պատեր-Սիմոնին, եթե մեկի հոգվո փրկության համար հայ եկեղեցին է բարեխոսում և մյուսի համար կաթոլիկ՝ այդտեղ նրանք հանցանք չեն գործում: Ի՞հարկե, ավելի ցանկալի կլիներ, որ ազգով հայ մարդը յուր ազգային եկեղեցին ճանաչեր, յուր հնադարյան ավանդության հավատարիմ մնար, յուր եղբայրների հետ միասին միևնույն տաճարում ծնվեր, ապրեր և մեռներ: Բայց քանի որ աշխարհում գոյություն ունի համոզմունքների տարբերությունը, քանի որ բախտի ձախող բերմունքով ազգի կրոնական ամբողջությունը բաժանված է մի քանի մասերի, և դեռևս անծանոթ է աշխարհին այն գերբնական ուժը, որ կարողանար կրոնով միմյանցից տարբեր մասերը մի ակնթարթում միացնել և ի մի ձուլել, անհրաժեշտ է ուրեմն, որ մենք չհալածենք միմյանց, որ մենք չատենք և չարհամարհենք իրար. Կաթոլիկ և բողոքական հայերը, եթե միայն իրենք իրենց հայ անվանելուց չեն խորշում, նույնչափ հայ են, որքան և հայադավան հայերը, ինչու՞ համար չսիրել նրանց նույնչափ, որչափ սիրում ենք մեր դավանակիցներին: Եթե մի հայադավան աղջիկ և մի հայ-կաթոլիկ երիտասարդ սիրում են միմյանց, ինչո՞ւ համար խանգարել նրանց սերը, ինչու՞ չթողնել նրանց երջանիկ լինիլ, եթե նրանք երջանկությունը գտնում են միմյանց սիրելու մեջ:

Չէ՞ որ նույն ինքը Քրիստոս սերն էր և սեր էր քարոզում: Մի՞թե մենք իրավունք ունինք մեզ Քրիստոսի աշակերտ և հետևող անվանելու, եթե մենք սիրելու փոխարեն հալածում ենք միմյանց:

Կան իհարկե մարդիկ, որոնք հալածվելու արժանի են և որոնց պետք է հալածել — դրանք այն չար ոգիներն են, որոնք ատելության և երկպառակության սերմն են ցանում միարյուն և միալեզու եղբայրների մեջ, որոնք սուրբ Ավետարանի և Քրիստոսի անունով ճնշում են ազատ մտածողությանը, պղտորում են սրտերը, կապում կաշկանդում են անգետ ամբոխի միտքը, հոգին և զգացմունքները, խանգարում են ընտանիքների խաղաղությունը, և այս բոլորը միայն նրա համար, որ նորանոր որսերով հարստացնեն իրենց ավարը և այդ ամոթալի հաղթության համար վարձատրություններ ստանան իրենց առաջնորդից:

— Դուք, սիրելի բարեկամներս, — շարունակում էր տեր — հայրը, — մի՞ նմանիք այդ մարդիկներին, դրանք ո՛չ աստուծո երկյուղ և ո՛չ մարզիկներից ամոթ ունին. և նրանք չեն էլ ցավում մարդկանց թշվառությունների վերա: Դուք սիրեցե՛ք ձեր եղբայրակիցներին, ինչ դավանության էլ պատկանելիս լինին նրանք, սիրեցե՛ք անկեղծությամբ, սիրեցե՛ք եղբայրական քնքշությամբ և մոտեցե՛ք նրանց մտերիմ հոգով, որպեսզի դները ձեզ կորցնելու համար չկարողանան միաբանվիլ:

Այս և սրա նման շատ բաներ էր խոսում տեր-հայրը: Մյուսների հետ ես էլ հիացած լսում էի նրան: Եվ որքա՛ն պարզ, և հասկանալի էին նրա զրույցները, բայց ամենից ավելի ինձ գրավում էր այն անխարդախ և անկեղծ հոգին, որ արտափայլում էր նրա խոսքերի մեջ: Տեր-Հովհաննեսը ինձ երևում էր իբրև մի մարմնացյալ բարություն, որ յուր գոյությունը որոնում է միմիայն մարդիկների երջանկության մեջ: Ես շատ զղջացի, որ այսքան ուշ էի ծանոթացել հարգելի քահանայի հետ, և հաստատապես դրի մտքումս այնուհետև հաճախել նրա տունը կամ շուտ շուտ հրավիրել իրեն մեզ մոտ խոսելու համար:

Բայց Լուսինյանների տնից արդեն խնդրարկուները եկել էին մեզ հրավիրելու: Մեր բարեկամների խումբը կազմ և պատրաստ էր այդ ժամանակ, շուտով բոլորս միասին կառքերի մեջ լցվեցանք և հանդիսավոր զնացքով ուղղվեցինք դեպի իմ հարսնացուի տունը:

Ճանապարհին դարձյալ մի կասկած պաշարեց ինձ: «Եթե պատեր-Սիմոնը վերադարձած լինի, եթե նա ընդդիմանա Լուսինյանների դիտավորությանը, ի՞նչ կլինի այն ժամանակ իմ դրությունը» — մտածում էի ինքս ինձ: Բայց մի զաղտնի հույս դարձյալ կազդուրում էր ինձ: «Ի՞նչ կարող է անել մեզ պատերը, քանի որ Մարգարիտան սիրում է ինձ, — ասում էի ես, — չէ՞ որ նա առ առավելն միայն նրա հոր և մոր վերա կարող է ազդել և ո՞չ Մարգարիտայի. իսկ ինձ միայն այս վերջինի կամքն է հարկավոր»: Մյուս կողմից ես տեսնում էի պատկառելի Տեր-Հովհաննեսին իմ կողքին նստած և հավատում էի, որ նա յուր քրիստոնեական բարությամբ կհաղթահարե պատերին, եթե նա չար դիտավորությամբ մեր միության գործը խանգարելու լինի: Այդ րոպեին ես նմանում էի մի երեխայի, որ վտանգի ժամանակ ոգնորվում է յուր հոր ամենազորությամբ:

Երբ հասանք Լուսինյանների տան մոտ, լսելի եղան ներսից խիստ երաժշտության ձայներ: Տան թե՞ դուրսը և թե ներսը փառավոր կերպով լուսավորված էր, և փողոցի վերա նայող դահլիճի պատուհաններից ներսում երևում էր հրավիրյալների մի պատկառելի բազմություն:

Ես չէի կարծել թե մեր նշանադրության հանդեսը այսքան հրապարակական պետք է լիներ, բայց երևի տիկին և պարոն Լուսինյանները կամեցել էին իրենց միակ դստեր ամուսնության գործը փառահեղ նախատոնիքով սկսել:

Երաժշտությունը արդեն դադարել էր, երբ մենք մտանք դահլիճը:

Ամենից առաջ իմ աչքերը դարձան Մարգարիտայի վերա: Նա նստած էր դահլիճի վերևում, թավշեպատ հենարանի վերա և շրջապատված յուր ընկերուհիներով: Բայց նա այնքան փոխվել էր, որ ես մի րոպե չճանաչեցի նրան: Որովհետև ես նրա մեջ չտեսա իմ պարզ և անպաճույճ Մարգարիտային: Նա. հագնված էր ամենաշքեղ տարազով, և յուր կիսամերկ պարանոցի և բազուկների վերա վառվում էին ոսկեհուռ ադամանդներ: Նրա սևաթույր մազերը, որոնց ես տեսել էի թույլ հյուսերով շուշված յուր ուսերի վերա, այսօր փոխակերպվել էին գանգրյալ խոպոպիկների և նրա լայնադիր ճակատի վերա կազմում էին կարծես մի բոլորակ ծաղկեպսակ:

Արվեստի այդ ներդաշնակ պաճուճանքների մեջ Մարգարիտան սովորականից ավել գեղեցիկ և հրապուրիչ էր:

Երբ ես մոտեցա նրան, նա արդեն ոտքի վերա էր: Անուշ ժպիտով իմ ողջույնը ընդունելով՝ նա շշնջաց ինձ հազիվ լսելի ձայնով.

— Դու չե՞ս զարմանում իմ հանցավոր կերպարանափոխության վերա:

Այս խոսքերով կարծես նա կամենում էր ազատել իրեն պճնասիրության մեջ մեղադրվելու պատասխանատվությունից, որովհետև և նա ինքը սկզբունքով շատ դեմ էր այդ մոլորությանը և ակամայից էր ստիպվել այսօր հասարակաց ձայնին հնազանդելու և նրանց ճաշակը չվիրավորելու:

— Ուր էր, թե բոլոր հանցանքները այդչափ անվնաս լինեին և նպաստեին միայն գեղեցկության հրապույրները բազմացնելու, այդ ժամանակ մարդիկ աստվածներին նախանձ կբերեին, — պատասխանեցի ես:

Շուտով մեր բերած հյուրերի շնորհիվ ուրախությունները սկսան կրկնապատվիլ, պարերը կենդանացան, և դահլիճը ընդունեց ալեկոծյալ կերպարանք:

Ամեն բան լավ էր գնում: Բայց պարոն Լուսինյանը շատ էր անհանգստանում պատեր-Սիմոնի պատճառով: Նա խոստացել էր երեկոյան ժամը ութին ներկա գտնվիլ, բայց տասը արդեն լրանում էր, և նա չկար:

— Մի՞թե առանց նրան չէր կարելի գործը վերջացնել, — հարցրի ես տեր-Հովհաննեսից:

— Ոչ, — պատասխանեց նա: — Այսպիսի մի համաձայնության խորհուրդը առանց ինձ ես իրավունք կտայի ձեզ վերջացնելու, որովհետև ուր որ երկու սրտերի համաձայնություն է գործը պսակում, այդտեղ մի քահանայի օրհնություն էլ բավական է, ինչ եկեղեցուն էլ այդ քահանան պատկանելիս լիներ, բայց կաթոլիկ կղերը նախանձախնդիր է յուր իրավունքներին, առանց բացառության, և չնայելով, որ այսպիսի հանգամանքներում միշտ մենք ենք զիջանում, ընտանիքների խաղաղությունը չի վրդովելու համար, այսուամենայնիվ նրանց բծախնդրությունը դարձյալ հալածում է մեզ: Այդ իսկ պատճառով անհրաժեշտ է, որ մենք առիթ չտանք պատեր-Սիմոնին հակառակելու մեր ձեռնարկությանը:

Տեր-Հովհաննեսի նկատողությունները իրավացի էին: Պետք էր խոհեմությամբ շարժվիլ:

Բայց պ. Լուսինյանի վրդովված երեսով դահլիճ մտնելը և իմ փեսային կանչելը ինձ սաստիկ անհանգստացրեց: Մարգարիտան ոչինչ չէր նկատում, նա խոսակցում էր յուր ընկերուհիների հետ: Ես կամացուկ հեռացա նրանից և դիմեցի դեպի միևնույն սենյակը, ուր որ պ. Լուսինյանը և փեսաս էին մտել:

Պատեր-Սիմոնը արդեն այդտեղ էր և կատաղած խոսում էր Լուսինյանների և իմ փեսայի հետ: Նրա աչքերը զայրույթից կրակ էին կտրել և յուր շրջապատողները հազիվ էին զսպում նրա ձայնը, որ որոտալով չթնդար դահլիճի մեջ: Ես իսկույն կծկվեցա դռան մեջ, ինչպես մի հանցավոր, որ ծածկում է յուր անձը խուզարկուների աչքից:

Ես խոստացել եմ ձեր խնդրարկուին գալ, — ասում էր նա զայրացած, — որովհետև նա ինձ չասաց թե ո՞ւմ վերա եք նշանադրում ձեր աղջիկը, որովհետև նա ինձ չասաց թե ձեր փեսան մի հերետիկոս և հերձվածող է: Իսկ այժմ ես հազար անգամ կանիծեմ ինձ, բայց մի անգամ չեմ օրհնիլ այդ անհավասար զույգի նշանը: Ես չեմ կարող սուրբ Տիրամոր սիրելին հանձնել գեհեննին... Ես սարսափում եմ դժոխքից և սատանաներից...

Երկար ժամանակ տիկին և պարոն Լուսինյանները թախանձում էին նրան զիջանել նրանց խնդրանացը. փեսաս հազիվ թե չէր ընկնում պատվելիի ոտքերը, նրա ողորմածությունը հայցելու համար, բայց բոլորը անօգուտ: Լոյոլայի աշակերտը մնում էր անողոքելի:

Զայրույթի մի հուր կամաց կամաց վառվում էր իմ սրտի մեջ. ես զգում էի, որ խոհեմությունը տեղի է տալիս կատաղությանը և վճռում էի հարձակվիլ նրա վերա և միանգամով փշրել նրա գլուխը իմ բռունցքների տակ:

Բայց պարոն Լուսինյանի բարկությունը մեղմեց իմ զայրույթը տեսնելով, որ պատերը ոչնչով չէ ուզում համոզվիլ, նա բռնեց նրա ձեռքից և քաշելով դեպի սենյակի անկյունը, ասաց վճռողական ձայնով:

— Պատվելի, ես իմ փեսային խոսք եմ տվել, ես նրան հարգում եմ, իսկ իմ աղջիկը սիրում է նրան: Ես չեմ կարող դառնալ իմ խոսքից, ես չեմ կարող անպատվել իմ անունը, եթե նույն ինքը սրբազան պապը հրամայի ինձ այդ անելու...

— Մոլորյալ, — ընդհատեց նրան պատվելին, — դու համարձակվում ես սրբազան պապի սուրբ անունը հիշելու, այս հերետիկոսների ներկայությամբ,,.

Պ. Լուսինյանը երկու քայլ հետ կանգնեց, կատաղությունը մի րոպե սառեցավ նրա երակների մեջ և պատվասիրության զգացումը տիրապետեց նրա վրդովված հոգուն:

— Դուրս գնացեք այստեղից, պատեր, ես հայ եմ, և այստեղ իմ տանը հայ քահանա ունիմ, ես կարոտ չեմ ձեր ողորմածությանը:

Այս ասելով նա շուռ տվավ երեսը և մոտենալով ինձ, բռնեց իմ ձեռքից. — Գնանք սիրելիս, — ասաց, — մենք այստեղ քահանա ունինք:

Պատեր-Սիմոնը անլուր անեծքներ թափելով, կատաղությամբ դուրս գնաց սենյակից, իսկ մենք մտանք դահլիճը, հյուրերի մոտ:

Երաժշտության աղմկարար ձայնը օգնել էր մեզ. հյուրերից ոչ ոք չէր իմացել թե ի՞նչ անցք է անցել դրացի սենյակում:

ԺԳ.

Երբ ես մոտեցա Մարգարիտային, նա իսկույն նկատեց իմ վրդովմունքը և հարցրեց,

— Ի՞նչ է պատահել քեզ, քո դեմքը բոլորովին այլայլված է:

— Ոչինչ, — պատասխանեցի ես ժպտալով:

— Այդ անկարելի է. «ոչինչը» չէր կարող քեզ վրդովեցնել, — նկատեց նա:

Ես աշխատեցի հանգիստ ձևանալ, ժպտալ, ծիծաղել, բայց այս բոլորը ավելի էին մատնում իմ ներքին խռովությունը: Վերջապես ես երկար չկարողացա նրա թախանձանաց դիմանալ և բոլոր տեսածս ու լսածս պատմեցի նրան:

Մարգարիտան մի քանի վայրկյան մտածմանց մեջ ընկավ: Կնճիռները ծածկեցին նրա խոպոպներով զարդարուն ճակատը, դեմքը մռայլվեցավ, նա էլ չէր ժպտում... Ես նայում էի նրա վերա:

Անցան մի քանի վայրկյաններ, և ահա կրկին նրա ճակատը պարզվեցավ և դեմքը նորեն ստացավ յուր ծիծաղկոտ պատկերը: Այդ րոպեին նրա գեղեցիկ գլուխը նմանում էր կանաչազարդ լեռան գագաթին, որին հանկարծ շրջապատում են սևաթույր ամպերը՝ սպառնալով ծածկել նրա հսկայական մարմինը արևի լուսավոր ճառագայթներից: Բայց Հյուսիսը շարժում է յուր թևերը, և կուտակված ամպերը հալածվում են մի ակնթարթում: Կրկին երևում է կանաչազարդ գագաթը շողերով լուսավորված և հպարտ հպարտ նայում է իրեն շրջապատող ձորերի և բլրակների վերա:

— Մի՞թե դու տխրում ես այն բանի համար, — մեղմով ժպտալով հարցրեց նա:

— Եթե դու ուրախ ես, Մարգարիտա, ինձ ոչինչ չէ կարող տխրեցնել, — պատասխանեցի ես:

— Այո՛, ես այժմ ուրախ եմ. ինձ չէ վրդովում պատեր-Սիմոնի վարմունքը. ավելին նրանից սպասել անկարելի էր: Դու գիտես որ նրա համար անտանելի էր մինչև անգամ իմ քեզ հետ ման գալն, ո՞ւր մնաց, որ նա հանկարծ գալիս և տեսնում է՝ թե մենք արդեն նշանվում ենք: Այդ դիպվածում ես կատաղելուց զատ ոչ մի բանի ընդունակ լինել չէր կարող: Բայց մի ուրիշ բան իմ սիրտը լցնում է ուրախությամբ — դա իմ հոր քաջասիրտ վարմունքն է: Եվ դեռ անցյալ տարիներից ուրիշ գաղափար ունեի կազմած նրա մասին, ես կարծում էի, որ նա չափից դուրս երկչոտ և այդ պատերների ազդեցության գերի մի մարդ էր: Բացի այս երկու օրվա մեջ նա յուր անկախ բնավորության երկու փառավոր ապացույցներ տվավ. առաջին՝ որ նա արհամարհանքով ընդունեց պատեր-Սիմոնի չարախոսությունը և իմ ձեռքը տվավ քեզ. և երկրորդ էր նա պատերին արտաքսեց յուր տնից: Եթե դուք այնքան ճանաչեք իմ հորը որքան ես եմ ճանաչում, այն ժամանակ կհասկանաք, թե նրա բնավորությունը ինչ հեղափոխության պետք է ենթարկված լինի, որ նա վճռում է այսպիսի համարձակ քայլ անելու դեպի յուր դստեր բախտը:

— Եվ եթե նա կարողանա այդպես շարունակել մինչև վերջը...

Օ, դա ինձ համար կատարյալ երջանկություն կլրնի, — ոգևորությամբ ընդհատեց ինձ Մարգարիտան, — այն ժամանակ իմ բոլոր ցանկությունները իրագործված կլինին:

Ժամանակը մոտենում էր. պետք էր նշանադրության հանդեսը կատարեին: Պ. Լուսինյանը առաջարկեց տեր-Հովհաննեսին սկսել յուր օրհնությունը: Վերջինս արդեն ամեն բան գիտեր: Բայց Լուսինյանի դավանակիցներից մի քանիսը հետաքրքրվեցան իմանալու թե ինչու՞ համար պատեր-Սիմոնը չէր երևում այդտեղ:

— Նա գյուղումն է, — պատասխանեց նրանց Լուսինյանը, — և գրել էր, որ իրեն վերաբերյալ պաշտոնն էլ հանձնենք տեր-Հովհաննեսին: Պատվելին երևի այս դիպվածում ոչինչ խտրություն չէ դնում յուր և տեր-հոր մեջ:

— Իհարկե, ի՞նչ խտրություն պիտի դներ. մենք բոլորս էլ եղբայրներ ենք, մենք բոլորս էլ հայեր ենք. թե՛ տեր-Հովհաննես և թե՛ պատեր-Սիմոն երկուսն էլ մեր հոգևոր հայրերն են, — ձայն տվին գրեթե միաբերան Լուսինյանի դավանակիցները, — թո՛ղ տեր-Հովհաննեսը օրհնե նշանը:

«Բարի մարդիկ, մտածեցի ինքս ինձ, ձեր և տեր-Հովաննեսի գաղափարների մեջ ոչինչ խտրություն չկա. դուք բոլորդ էլ զգում եք, որ միևնույն մոր զավակներն եք, որ միևնույն արյունն եք կրում ձեր երակներում. ձեր սրտերը չեն ուզում բաժանվիլ միմյանցից, դուք ներողամիտ աչքով նայում եք ձեր եղբայրց կրոնական համոզմունքների վերա, բայց չարության սերմնացանները հանգիստ չեն թողում ձեզ: Նրանք թունավորում են հարազատության արյունը, բաժանում են ձեր որդիքը, մեռցնում են ձեր քնքուշ զգացումները...»:

Հետո ես համեմատում էի տեր-Հովհաննեսի մեր տան քարոզածները պատեր-Սիմոնի կատաղի հայհոյանքների և անեծքների հետ: Առաջինը ցոլացնում էր յուր մեջ քրիստոնեական բարություն, հայրական սեր և եղբայրական անհիշաչարություն, իսկ վերջինը՝ դժոխային չարություն, պառակտիչ հոգի և վրիժառու նախանձ:

Առաջինը ապրում էր յուր ժողովրդին ծառայելու, իսկ վերջինը ժողովուրդը յուր անձին ծառայեցնելու: Տարբերությունը մեծ և շոշափելի էր: Բայց որի՞ն բողոքել, մարդկանց կորությունը իրենց անբռնաբարելի սեփականությունն է:

Պ. Լուսինյանի հրավիրանոք տեր-Հովհաննեսը մոտեցավ պատրաստած սեղանին և քահանայական շուրջառը հագնելով սկսավ կարդալ սովորական օրհնությունները: Ես և Մարգարիտան կանգնած էինք սեղանի առաջ դեմ առ դեմ, շրջան բոլորած մեզ պատել էին գլխավորապես տիկինները և օրիորդները, որոնք նշանադրության և հարսանյաց հանդեսներում միշտ հետաքրքիր հասարակությունն են հաշվվում:

Մարգարիտան աչքերը գետին խոնարհած անմռունչ կանգնած էր: Յուր ընկերուհիները զանազան կատակներ էին շշնջում նրա ականջին, բայց նա կարծես անզգա էր և ոչինչ չէր լսում: Ինչի՞ վերա էր նա մտածում. դեպի ո՞ւր էին սլանում նրա մտքերը, երևակայությունը — հայտնի չէր: Բայց այդ խորհրդավոր րոպեին ես էլ ուրախ չէի, հազար և մի տխուր մտածություններ ալեկոծում էին իմ սիրտը, չգիտեմ ինչու չարագուշակ նախազգացումը դարձյալ տանջում էր ինձ: Անախորժ դեպքի ազդեցությունի՞ց էր ճնշվում իմ հոգին, թե՝ մարգարեանում էր ապա չարիքները, չկարողացա իմանալ:

Միայն երբ քահանայի հրամանով նշանի մատանին հագցրի իմ հարսնացուին և համբուրվեցա նրա հետ, իսկույն տխուր մտածմունքները տեղի տվին մի ներքին ուրախության, ես տեսա, որ ինձ հետ միասին զվարթացավ և Մարգարիտան: Մեր երկուսի այս հանկարծական փոփոխությունը նկատելի եղավ մինչև անգամ հյուրերին և զվարճասեր օրիորդները սկսան կատակներ անել մեզ հետ:

— Այդ համբույրի՞ համար էիք խռովել, — շշնջաց իմ և Մարգարիտայի ականջին օրիորդ Մարանչյանը:

— Այո՛, — պատասխանեցի ես. — մի՞թե փոքր գին ունի նա ձեր աչքում:

— Ձեզ համար էլ միշտ թանկագին չի մնալ, նա դեռ առաջինն է, մի փոքր համբերեցեք, — նկատեց նա ծիծաղելով:

Հետո Մարգարիտայի ծնողները մոտեցան և համբուրեցին մեզ երկուսիս, և ապա քույրս ու փեսաս:

Այնուհետև մյուս հրավիրյալները սկսան իրենց շնորհավորությունները, որոնց երկար ժամանակ մենք ստիպված էինք մեր շնորհակալությունները կրկնելու:

Մի քանի ժամ շարունակ ընթրիքի, պարերի և ընդհանուր ուրախության նվիրելուց հետո, հյուրերը ցրվեցան: Ամենից ուշ ես դուրս եկա մերոնց հետ: Երբ անցանք առաջին փողոցը, հայոց եկեղեցու զանգակները ղողանջում էին, առավոտյան ժամերգությունը սկսելու համար: Եթե ես միայնակ լինեի այդ րոպեին ծնկի կգայի և կաղոթեի աստծուն, այնքան ջերմեռանդությունս շարժված էր. կաղոթեի, որ նա պաշտպաներ ինձ և իմ հարսնացուին, որովհետև ես դեռ երկյուղ էի կրում չարության ոգիներից: Բայց ինձ հետ ուրիշներն էլ կային, և ես շատացա միայն մի քանի աղոթքներ մրմնջալով կառքի մեջ նստած:

ԺԴ

ՆՇԱՆԱԴՐՈՒԹՅՈՒՆԻՑ ՀԵՏ

Ես երբեք չէի կարողանում մոռանալ այն օրերը, որը մեր նշանադրությունից հետո ես անցուցանում էի Մարգարիտայի հետ: Իմ կյանքի խավար հորիզոնի վերա այդ սուղ օրերը մի-մի լուսավոր աստղեր էին: Երջանկությունը ես միայն նրանցով ճաշակեցի. երանությունը ես միայն նրանց մեջ ճանաչեցի:

Մեր նշանադրությունից հետո արդեն անցել էր երեք շաբաթ: Ես հաճախ այցելում էի Մարգարիտային. նա ինքը նույնպես գալիս էր մեր տուն: Եվ այսպես գրեթե մենք ամենայն օր միմյանց մոտ էինք գտնվում: Երբեմն ժամադիր լինելով գնում էինք քաղաքային և կամ իրենց այգին մեր ընտանիքների հետ միասին: Այդտեղ արդեն մենք բաժանվում էինք վերջիններից և զբոսնում միայնակ:

Շատ անգամ մեր մենավոր զբոսանաց ժամանակ մեզ ընկերակցում էին արծաթափայլ լուսինը՝ յուր դշխոյական նազելաճեմ ընթացքով, գիշերային մեղմ հովեր, որոնք ծառերի մեջ խաղալով ստեղծում էին մեզ համար մի սիրազվարճ սոսափյուն, հեզասահ առուներ, որոնք թփերի տակ հոսելով խառնում էին մեր սիրային զրույցների հետ իրենց ախորժալուր կարկաչն ու մրմունջը: Երբեմն էլ մենք նստում էինք ծովափի մոտ, և կամ նավահանգստի ժայռերի վերա, ուր փոքրիկ կոհակները անընդհատ մեկը մյուսի հետևից գալիս փշրվում էին մեր ոտքերի տակ:

Այդտեղ մենք երկար ժամերով խոսում էինք միմյանց հետ, խոսում էինք և չէինք կշտանում, մեր զրույցները անհատում, մեր մտքերը անսպառ էին: Գրեթե միշտ մեզ հետ միասին զբոսանքի եկողները մեզ թողնում հեռանում էին տուն, նրանք չէին ուզում մեզ խանգարել, շատ անգամ մենք վերադառնում էինք կես գիշերին:

Մարգարիտայի ծնողները այնքան վստահ էին նրա վերա և այնքան բարի դեպի իրենց դուստրը, որ չէին մերժում նրան այս տարաժամ զբոսանքները:

Այդ երանելի երեկոներից մի երկուսը ես բոլորովին չեմ մոռանում մանավանդ այն երեկոները, երբ Մարգարիտան ինձ հետ թև թևի, ծառերի տակ զբոսնելով բացատրում էր յուր գաղափարները սիրո, ամուսնության վերաբերությամբ:

Մի անգամ մենք բոլորս միասին գնացել էինք իրենց այգին այնտեղ գիշերելու դիտավորությամբ: Երեկոյան դեմ ըստ մեր սովորության մենք հեռացանք մերոնցից և զբոսնում էինք այգվո մեջ: Երբ մութը կոխեց, մենք դուրս եկանք այգուց և կամաց-կամաց առաջ էինք գնում սիզավետ լեռնադաշտի վերա, մինչև որ հասանք բարձրավանդակի ծայրը, այդտեղից մեր առաջ և բացվում էր հրաշալի տեսարան: Լուսնի շառագույն սկավառակը կիսով չափ դուրս էր եկել ծովի ալիքներից և նմանում էր մի հեռավոր կղզվո, որի մեջ հրդեհվում են բազմադարյան կաղնիների անտառները: Մենք կանգ առինք այդտեղ: Մարգարիտան յուր աջ ձեռքը իմ պարանոցով պատելով հենվել էր ինձ վերա. մենք հիացմամբ նայում էինք բնության այդ հրաշալի տեսարանին: Լուսնի սկավառակը աննշմարելի կերպով բարձրանում ծածանում էր ալիքների վրայից և մի քանի վայրկյանում ամբողջ գունդը զատվեցավ ծովի մակերևույթից:

— Նստենք այստեղ, և տեսնենք, թե ինչպես է լուսավորում նա ծովի մակերևույթը, — ասաց Մարգարիտան:

Մենք նստեցինք և ուշադրությամբ դիտում էինք լուսնի ընթացքը: Կամաց կամաց ծովի մակերևույթը մուգ պղնձի գույն էր ստանում և անհանգիստ ալիքները այս ու այն կողմը ծփալով՝ բեկբեկում էին նրա հավասարությունը ամբողջ մակերևույթի վերա բյուրավոր լուսնիկներ ցոլացնելով, բայց գիշերային լուսաբերը հանդարտ ընթանում էր դեպի երկնակամարը: Նրա շառագույն դեմքը տակավ առ տակավ պարզվում և լուսավորվում էր, ծովը նույնպես սկսում էր արծաթազօծվիլ, և մեզ շրջապատող բնությունը կենդանանում էր աղոտ լույսով:

— Երանի՛ թե մեր կյանքն էլ լուսնի կյանքին նմաներ, — ասաց ինձ Մարգարիտան, — և մենք երբեք չմեռնեինք՝ հավիտյան միմյանց սիրելու համար:

— Ի՞նչ, մի՞թե դու հավատում ես, թե հավիտյան ապրելով հավիտյան էլ կսիրեի՞ր, — հարցրի ես նրան:

— Մի քանի ժամանակ առաջ ես չէի հավատալ, ես այն ժամանակ մինչև անգամ չգիտեի, թե արդյոք սերը գոյություն ունի՞ աշխարհում, թե՞ բանաստեղծների գլխումն է ապրում նա: Իսկ այսօր, Արա՛մ, այսօր հավատում եմ որ նա կա, որ նա ապրում է մեր սրտի և հոգվո մեջ, որ նա նույն ինքն է երջանկություն... Ես հավատում եմ, որ եթե անմահ անգամ լինեի, հավիտյան կսիրեի, որպեսզի հավիտյան երջանիկ լինեի...

— Ես ինքս քեզ հետ համաձայն եմ, Մարգարիտա, բայց դու գիտես, որ փորձված մարդիկ սիրո հավիտենականությանը չեն հավատում, նույնիսկ մարդկային կարճատև կյանքի համար, — ասացի ես:

— Փորձված մարդի՞կ. բայց ինչ բանի մեջ փորձված ի՞հարկե նրանք, որոնք մի ամբողջ կյանք ապրել են առանց սերը ճանաչելու, նրանք ոչ միայն սիրո հավիտենականությանը, այլև նրա վայրկենական հրապույրներին չեն հավատալ:

— Ո՞չ, այդ տեսակ մարդիկները չեն սիրո հավիտենականություն չնդունողները, այլ նրանք, որոնց կյանքը անցել է սիրահարական արկածներում, որոնք առույգ երիտասարդությունը ամբողջապես նվիրված է եղել սիրո աստվածությանը:

— Այդ անկարելի է, — բացականչեց Մարգարիտան, — ամեն մարդ փափագում է երջանկությանը, իսկ երջանկությունը գտնվում է միայն սիրո մեջ... Ես չեմ կամենում հավատալ, թե կա մարդ, որ մի անգամ սիրել կարողանալուց հետո ուրանում է սիրո հավիտենականությունը...

— Պետք է հավատալ, որ կան այդպիսիները. նրանք մարդկային և ոչ մի զգացմունքների մեջ հավիտենականություն չեն ճանաչում: «Սիրո հավիտենականությունը, — ասում էր իմ բարեկամներից մինը, — գտնվում է միայն փոփոխության մեջ»:

— Օ՛, մի՛ խոսիր, մի՛ խոսիր այդ մարզիկների մասին, դրանք սիրո հավատի հերետիկոսներն են, մենք չենք հետևիլ նրանց, Արա՛մ, մենք կսիրենք միմիյանց անկեղծ և անհարամ սիրով, մենք կսիրենք մինչև մեր հետին շունչը, մինչև մեր գերեզմանը...

Այս խոսքերով նա փաթաթվեցավ իմ պարանոցին և ամուր ամուր սեղմեց ինձ յուր կուրծքին:

— Մենք հրեշտակներին նախանձ ենք բերում... — կամացուկ շնչաց նա, և մեր շրթունքները սեղմվեցան իրար...

Երկար մենք նստած էինք կանաչազարդ բարձրավանդակի վերա, մեր ոտքերի տակ վառվում էին հարյուրավոր ճրագներ, և վերևում փայփլում էր անհուն աստեղազարդը: Ծովի կողմից փչող սղոխներն էին միայն, որ իրենց շնչով խանգարում էին մեզ շրջապատող լռությունը և ընդմին զովացնում էին մեր կրակվող երեսները: Կարծում էինք, որ լուսնից զատ էլ ոչ ոք հանդիսատես չէ մեր սիրակցություններին:

— Լուսինը սիրահարների բարեկամն է, նա մեզ չի մատնիլ, — ասում էի ես ծիծաղելով, — երբ Մարգարիտան կասկած էր հայտնում, թե մեզ կարող են լրտեսել:

Եվ որքա՜ն մեծ եղավ մեր զարմանքը, երբ տուն գնալու համար տեղից բարձրանալով՝ հիսուն քայլ հեռավորության վերա նշմարեցինք մի կնոջ կերպարանք:

— Ո՞վ է սա, — երկյուղով բացականչեց Մարգարիտան և կպավ իմ կրծքին:

— Մի՛ վախենա, այդ. ես եմ, — ձայն տվավ կերպարանքը և մոտեցավ մեզ: Դա քույրս էր. նա եկել էր մեզ վերա հեռվից հսկելու, որպեսզի մեր սիրային արբեցության ժամանակ հանկարծահաս վտանգներից չզարնվեինք մենք: Մարգարիտան իսկույն վազեց դեպի նրան և սեղմելով յուր կրծքին ջերմությամբ համբուրեց:

— Դու մեզ վերա չես բարկանում, այնպես չէ՞, Շուշա՛ն, — հարցրավ նա մանկական անմեղությամբ:

— Ո՛չ, սիրելիս, ես ընդհակառակը ուրախանում եմ, — պատասխանեց քույրս, — և մենք երեքս էլ թև թևի տալով շտապեցինք դեպի տուն:

Մեր նշանադրությունից հետո այսպիսի տեսակցություններ, ինչպես ասացի, մենք շատ էինք ունենում: Բայց միասին անցուցած այդ սիրազվարճ ժամերը այնպես շուտով էին սահում, և ընդհակառակը, իրարից հեռու, գտնված միջոցի ժամերը այնքան համր ընթանում, որ մենք միշտ զանգատվում էինք մեր բախտից կարծելով, թե շատ ուշ ենք հանդիպում միմյանց:

Այսպես անցան երեք ամբողջ շաբաթներ և չորրորդի վերջում արդեն մեր հարսանիքը պիտի կատարվեր:

Երկու կողմից էլ պատրաստություններ էին տեսնում. Լուսինյան այր և կին իրենց աղջկա համար, իսկ քույրս ու փեսաս՝ ինձ համար: Քաղաքի մեջ պարապ չէին և զվարճասեր աղջիկներն ու մանկամարդ տիկնայք, նրանք էլ իրենց տուալետն էին կարգավորում, որպեսզի խնդրարկուի առաջին հրավերը ստանալուն պես կազմ և պատրաստ գտնվին իրենց այցելությամբ մեր հարսանիքը պատվելու:

Եվ այսպես բոլորն էլ անխտիր ուրախ էին: Մինչև անգամ պատեր-Սիմոնի մասին Մարգարիտան պատմում էր, որ արդեն հաշտվել էր յուր հոր հետ և արդեն մի շաբաթ էր, ինչ որ նա հաճախում էր իրենց տունը և բարեկամական առանձին տեսակցություններ էր ունենում յուր հոր հետ:

Մեր բախտի երկինքը դեռ պարզ էր, ամպեր չէին երեվում, փոթորիկ չէր գուշակվում...

ԺԵ

ԲԱԽՏԻՍ ԱՆԻՎԸ ԴԱՌՆՈՒՄ Է

Մարդիկ առհասարակ զգռված ժամանակն են հիմարություններ գործում, այսինքն երբ կամքի ղեկավարը կիրքն է լինում: Խելքը երևան է գալիս այն ժամանակ, երբ սիրտը խաղաղ և հոգին անվրդով է մարդու մեջ: Սրա հակառակ կան և մարդիկ, որոնք սեփական կամք և հաստատուն բնավորություն չունենալով, միշտ ենթարկված են ուրիշների ազդեցության և իրենց սրտի և հոգվո խաղաղ ժամանակը՝ միայն անշունչ գործիքներ են լինում ճարպիկների ձեռքում, հետևապես և հիմարությանդ հեղինակ: Այս տեսակ մարդկանց մեջ ընդհակառակը զգոված ժամանակն է երևան գալիս կամքի և խելքի ույժը, այսինքն, երբ կրքերի հուզվելով զարթնում է նրանց մեջ պատվասիրության զգացումը, և նրանք գործում են ինչպես անկախ մարդիկ:

Այս վերջինների տեսակին էր պատկանում պ. Լուսինյանը, Մարգարիտայի հայրը:

Մի առավոտ ես գնում էի զբոսնելու: Ճանապարհին պատահեցի պատեր-Սիմոնին, նրա հետ կային և երկու ուրիշ պատերներ, որոնց հետ նա խոսելով բարձրանում էր դեպի այն ճանապարհը, որի վերա գտնվում էր Լուսինյանների տունը: Ես հետաքրքրվեցա իմանալու, թե արդյոք նրանք այնտե՞ղ են գնում, թե՞ ոչ. և հետևեցի նրանց քայլ առ քայլ: Երեք պատերները հասան Լուսինյանների տանը և պատեր-Սիմոնը հնչակը քաշեց: Ես շրջեցա պատվարի մյուս կողմը նրանց աչքից թաքչելու համար: Երբ նրանք ներս մտան, ես դուրս եկա և կամենում էի ճանապարհս շարունակել: Դռան առաջ Մարին կանգնած էր:

— Ովքե՞ր են այդ երկու պատերները, — մոտենալով հարցրի նրան:

— Դրանցից մինը պատեր-Պետրեն է, իսկ մյուսին չեմ ճանաչում, դրանք առաջին անգամն են գալիս մեզ մոտ, — պատասխանեց Մարին:

— Ասա Մարգարիտային, որ ես գնում եմ այգում զբոսնելու, թող իմանա ինչու՞ համար են եկել դրանք և ինձ լուր բերե, ես իրեն կսպասեմ այնտեղ, — պատվիրեցի ես և հեռացա:

Արդեն կասկածն ու երկյուղը պաշարել էին ինձ. ես տխուր գուշակություններ էի անում, որովհետև վստահ չէի իմ աներեջ հաստատակամության վերա: Թեպետ մի կողմից ես չէի մոռանում մեր հանդիսավոր նշանադրությունը, որ ամենալավ գրավական էր մեր բարեկամության հաստատությանը, բայց մյուս կողմից կաթոլիկ կղերի մեքենայությանց մասին կարդացածներս մտաբերելով սարսափում էի: Ես գիտեի, որ նրանք ամենազոր և ամենակարող են:

Մտնելով այգին ես պատահեցի պատեր-Սիմոնի ջենտլմեն սարկավագին: Նա ինքը առաջինը մոտեցավ ինձ և բարեկամաբար ողջունեց:

— Ես կամենում էի ձեզ տեսնել, — ասաց ինձ պ. Կլեմեսը, — և ուրախ եմ որ այստեղ պատահեցանք:

— Շնորհ արեք, ինչով պիտի ծառայեմ ձեզ:

— Ես եմ կամենում մի ծառայություն անել ձեզ, — ասաց նա, — լսեցեք ինձ:

Մենք նստանք մի հովանավոր ակաթենու տակ, նստարանի վերա:

— Դուք կարո՞ղ եք հավատալ իմ անկեղծությանը. — հարցրեց նա:

— Ես վստահ եմ ձեր վերա, խոսացեք, — պատասխանեցի ես:

— Ձեր ամուսնության գործը վատ կերպարանք է առնում, — ասաց նա, — պատեր-Սիմոնը նորանոր մեքենայություններ է լարում ձեր դեմ: Ես իբրև երիտասարդ մարդ և կրոնական մոլեռանդության ատեցող՝ կամենում եմ ձեզ զգուշացնել: Ես ձեզ և օրիորդ Մարգարիտային հարգում եմ և չէի կամենալ, որ դուք թշվառանայիք:

— Դուք ինձ կատարելապես պարտավորեցնում էք, պարոն, չգիտեմ ինչով եմ արժանացել ձեր ուշադրությանը, — բացականչեցի ես:

— Գիտե՞ք որ «բոլոր դևերը չար չեն», — ասաց նա ժպտալով, — ես բախտի բերմունքով կաթոլիկ կղերի կոչումն եմ առել ինձ վրա և մտել այս սքեմի տակ, բայց երիտասարդությունը դեռ ամբողջապես չէ մեռել իմ մեջ: Ես դեռ կարող եմ մի բանով օգնել ձեզ, մանավանդ որ ես արդեն պաշտոնից հրաժարված եմ:

Այստեղ արդեն ամեն բան պարզվեցավ ինձ համար, ուրեմն Կլեմեսը վիրավորված էր այդ մարդիկներից և այդ է պատճառը, որ նա առաջարկում էր ինձ յուր նոր բարեկամությունը: Ես այժմ ավելի վստահությամբ կարող էի նրան լսել:

— «Ա՛յն օրը, որ ձեր նշանադրությունը կատարվում էր, — շարունակեց նա, — պատեր-Սիմոնը վաղուց արդեն տան մեջ նստած էր. նա ամեն բան գիտեր: Միայն այնքան ուշ ձեզ մոտ գալը նրա համար էր, որ ամեն բան կազմ և պատրաստ լինելուց ետ ինքը գար և խափաներ, որպեսզի յուր հաղթությունը և հայադավանների խայտառակությունը կատարյալ լիներ: Բայց այս անգամ նա յուր հաշվի մեջ սխալվել էր: Պ. Լուսինյանի վարմունքը մինչև այսօր էլ նրան ապշեցրել է, որովհետև նա մինչև այժմ այն աստիճան հլու հպատակ է եղել պատեր-Սիմոնին, որ վերջինս երբեք այդպիսի ընդդիմություն նրանից չէր կարող սպասել: Արտաքսվելով Լուսինյանի տնից նա կատաղած վերադարձավ ինձ մոտ և անդադար հայհոյում էր թե ձեզ և թե Լուսինյանին: Ամբողջ գիշեր նա քնել չկարողացավ: Առավոտյան պահուն մի հեռագիր քաշեց Սարատովի մեր եպիսկոպոսին, հայտնելով, որ այստեղ վերահաս վտանգ է սպառնում յուր հոտին, հետևապես ինքը կարոտում է երկու գործունյա քարոզիչների օգնության:

Հեռագիրը քաշելուց ետ միայն նա զղջաց յուր սխալմունքի վերա: «Ես դավաճանեցի մեր սկզբունքներին, — ասում էր նա, — ես իրավունք չունեի բռնությամբ գործ կատարելու, և եթե այսօր Լուսինյանի ընտանիքը հերետիկոսների ձեռքը մատնվի, ես եմ մեղավորը»: Բայց արդեն ուշ էր: Վախենալով ապագա քննություններից, նա միևնույն օրը մի նամակ էլ գրեց մեր եպիսկոպոսին, որի մեջ բացատրում էր յուր հեռագրի նշանակությունը և աշխատում էր արդարացնել իրեն: Որովհետև այդպիսի դեպքերում բոլոր պատասխանատվությունը պատերի վերա է մնում: Մեր օրենքով նա իրավունք չունի սխալվելու, ըստ որում սրբազան պապի հոտը պաշտպանելու համար նա վայելում է անսահման արտոնություններ, նա ազատ է գործադրելու ամեն տեսակ միջոցներ, ներելի լինին դրանք թե աններելի...

Ահա այս զղջումն էր պատճառը, որ մի քանի օր անցնելուց ետ պատեր-Սիմոնը կրկին խոնարհվելով գնաց Լուսինյանի մոտ. ինքը նախ ներումն խնդրեց և ապա նրան էլ ներումն շնորհելով հաշտվեցավ նրա հետ: Ահա մի ամբողջ շաբաթ է, որ նա քարոզում է Լուսինյանին: Երեկ երեկոյան նա ուրախությամբ վերադարձավ Լուսինյանի տնից և հայտնեց ինձ, որ ամեն բան արդեն յուր նախկին կերպարանքն է առել և Լուսինյանը զղջալով յուր արարմունքի վերա խոստացել է հետ դարձնել Բյուրատյանի նշանը և մերժել նրան յուր դստեր ձեռքը:

Այս ավետիքը ինձ տալու ժամանակ հասան արդեն այստեղ Սարատովից ղրկված երկու հոգևորականները, մինը այստեղի նախկին քահանա պատեր-Պետին և մյուսը Ֆրանկիսկոս-Լորենտանո, մի շատ ճարպիկ և փորձված քարոզիչ տեղյակ ամեն լեզուների և ամեն տեսակ մեքենայությանց: Երեկոյան հարցաքննության ժամանակ արդեն այս գործում ինձ մեղավոր ճանաչեց այդ անիծյալ քարոզիչը և ընդհանուրի հավանությամբ ինձ հրաժարեցրին իմ պաշտոնից, առարկելով, որ ես աչալրջությամբ չեմ հսկել իմ շուրջը կատարվող գործերի վերա, շուտ չեմ իմացրել պատեր-Սիմոնին գործի էությունը: Իսկ այսօր արդեն նրանք Լուսինյանի մոտ պիտի գնան:

Մնում է ինձ ասել, որ ես իմ խիղճը արդարացնելու համար միայն պատմեցի ձեզ այս բոլորը և ոչ թե պատեր-Սիմոնից վրեժխնդիր լինելու դիտավորությամբ: Որովհետև ինձ համար անտանելի է, երբ տեսնում եմ, թե՝ երկու երիտասարդ սրտերի բախտը խաղալիք է դարձած մի անխիղճ հոգևորականի ձեռքում:

Այսուհետև ինչ որ կարող եք ինքներդ անել — վտանգը ձեզանից հեռացնելու համար, արեք, ես առայժմ իմ բարոյական պարտքը կատարեցի, կարևոր դեպքում էլ ձեզ կարող եմ օգնել»:

Այս ասելով Կլեմեսը վերկացավ տեղից: Ես հայտնեցի նրան իմ խորին և անկեղծ շնորհակալությունը յուր անակնկալ բարեկամության համար և ողջունելով նրան, քայլերս ուղղեցի դեպի պարտիզի դուռը:

Սարկավագի ճշմարտախոսության վերա ես չէի կասկածում, այդ պատճառով և անհանգստությունը սկսում ալեկոծել իմ սիրտը: Այն միտքը, թե Մարգարիտային կարող էին խլել ինձանից, գրեթե խելագարեցնում էր ինձ: Ես շտապ շտապ առաջ էի գնում առանց իմանալու, թե ո՞ւր եմ գնում, առանց հիշելու, որ Մարգարիտային ժամադիր էի եղել այգում:

Բարեբախտաբար շատ չէի հեռացել պարտեզից, երբ մեր ծառան ինձ պատահեց:

— Օրիորդը մեր տանը սպասում է ձեզ, — ասաց նա: Ես սրտատրոփ դիմեցի դեպի տուն:

Երբ ներս մտի, տեսա, որ քույրս տանը չէր. Մարգարիտան միայնակ նստած էր իմ սենյակի մի անկյունում և ձեռքը կռթնած պատուհանի վերա տխրադեմ նայում էր դեպի փողոցը: Նրա աչքերը կարմրած և ուռած էին, երևում էր, որ նա շատ լաց էր եղել:

Ինձ տեսնելով ցատկեց տեղից և վազելով դեպի ինձ բացականչեց.

— Արամ, Արամ, մեզ բաժանում են միմյանցից, և դու դեռ ոչինչ չգիտես ... — և խեղճ աղջիկը էլ չկարողացավ շարունակել խոսքը, նա բարձրաձայն հեկեկաց և ընկավ իմ պարանոցով:

— Մարգարիտա, իմ անգին Մարգարիտա, մի՛ լար, մեզ ո՛չ ոք չի կարող բաժանել, մեզ երկուսիս միասին գուցե կարողանան անշնչացնել, բայց բաժանել միմյանցից երբե՛ք... — մխիթարում էի ես նրան:

— Օ՛, դու դեռ ոչինչ չգիտես, շարունակեց նա, իմ հայրը արդեն յուր վճիռը տվել է. նա պատրաստվում է վերադարձնել քեզ իմ հարսնախոսության մատանին... ես չեմ կարող ապրել, ես կմեռնե՛մ...

Կլեմեսի պատմածները ճշմարտանում էին, բայց պետք էր գործին ավելի մոտ ծանոթանալ: Թեպետ իմ սրտի մեջ արդեն արյուն էր կաթում, բայց ես աշխատեցի հանգստացնել

Մարգարիտային և խնդրեցի նրան պատմել ինձ ամենը ինչ որ գիտեր:

— Դու անշուշտ հիշում ես, — սկսավ խոսել նա, — որ ես մի երկու օր առաջ ասացի քեզ՛ թե պատեր-Սիմոնը արդեն հաշտվել է իմ հոր հետ և մի շաբաթ է, ինչ նա հաճախում է մեր տուն և առանձին տեսակցություններ է ունենում հորս հետ: Ես այս հայտնեցի՝ քեզ ուրախացնելու համար, որովհետև կարծում էի, թե այդ հաշտությամբ արդեն վերանում էր մեր ապագա միության կասկածելի արգելառիթը: Բայց, ավա՛ղ, ես չարաչար սխալվել էի: Այդ հաշտությունը կայացել էր միայն ի կորուստ մեր երջանկության: Պատեր-Սիմոնի հորս հետ ունեցած առանձին տեսակցությունները ոչ թե նախկին բարեկամությունը վերականգնելու, այլ հորս հոգին և միտքը մոլորեցնելու համար են եղել: Ամբողջ այդ շաբաթվա մեջ այդ եզվիտ պատերը հորս քարոզում է եղել, եթե նա մոլորվել է, թե նա մեծ հանցանք է գործել, թե նա աստուծո ահեղ բարկությունն շարժել է յուր վերա, որ ուղղափառ հավատին պատկանող աղջիկը հերետիկոս աղանդավորին է տվել: Այսօր իմ հայրը կատարելապես փոխվել է, նա էլ չի մտածում յուր պատվո խոստման վերա, դժոխքի ճիվաղները նրան սարսափեցնում են...

— Եթե դու առաջուց իսկ աշխատեիր պատերի դիտավորությունը հասկանալ, մենք ժամանակին և կոչնչացնեինք նրա մեքենայությունները, — նկատեցի ես:

— Իզուր դու ինձ անհոգության մեջ ես մեղադրում– պատասխանեց նա, — այդ կասկածը վաղուց ծնվել էր իմ մեջ, բայց մինչև երեկվա օրը հորս վարմունքի մեջ ես ոչինչ փոփոխություն չկարողացա նշմարել: Երևի պատերը ինքն էր այդպես կարգադրել, որպեսզի դեռ հորս համոզմունքներին չտիրած, չհայտնվեր յուր չար դիտավորությունը:

Երեկ երեկոյան մորս հետ միասին նստած էի յուր սենյակում, պատերը դարձյալ հորս մոտ էր, բավական ժամանակ էր անցել, ինչ նրանք միասին էին: Երբ նա դուրս գնաց, հայրս մտավ մեզ մոտ: Ես նկատեցի, որ նա պատրաստվում է մի ինչ-որ նորություն հայտնել մեզ, բայց չէր վստահանում. այդ բանը ինձ անհանգստացրեց: Մի քանի անգամ սենյակի մեջ անցուդարձ անելուց հետ վերջապես նա գուժեց. «Մարգարիտա, դու պետք է թողնես Բյուրատյանին, մենք մեր ընտրության մեջ չարաչար սխալվել ենք... »:

Ես էլ ավելի չկարողացա լսել նրան. ամբողջ տունը գլխիս վերա պտտվեցավ և մի վայրկյան կարծեցի թե տան ձեղունը պիտի փլչի ինձ վերա. մի ակնթարթում պատերի մեքենայությանց բոլոր շինվածքը իմ աչքի առաջ կանգնած էր.

«Այդ սարսափելի է, չկրկնես այդ խոսքը...» բացականչեցի ես և խելագարի նման դուրս ընկա դահլիճը, հետո ես մտա իմ ննջարանը և սկսա դառնապես լաց լինել: Ես չլսեցի, թե մայրս ինչ պատասխան տվավ հորս, բայց մի փոքր ժամանակից հետո նա սրդողած եկավ ինձ մոտ և երկար աշխատում էր ինձ մխիթարել. նա սպառնում էր, որ պատերին կարտաքսե մեր տնից և խոստանում էր, որ նշանակված օրը կատարել կտա մեր պսակը: Բայց իմ հոր անակնկալ հայտնությունը ինձ սարսափեցրել էր. մորս խոստումներն անգամ չկարողացան ամոքել ինձ. ես մի րոպե քնել չկարողացա և ամբողջ գիշեր լաց էի լինում... և եթե գիտենայիր թե ի՜նչ հուսահատություն էր տիրում ինձ վերա, եթե գիտենայիր թե ի՜նչ սոսկալի վճիռ էի ուզում կայացնել...:

Ես իսկույն հասկացա թե ի՜նչ վճռի մասին էր խոսում խեղճ աղջիկը:

— Մարգարիտա՜, Մարգարիտա՜, ուրեմն դու կարո՞ղ ես վճիռներ էլ կայացնել, — տխրությամբ նկատեցի ես, — ուրեմն դու չե՞ս հավատում, որ մի ուրիշ սիրտ էլ կա աշխարհում, որ քո սրտի հետ հավասար պիտի բաբախե և նրա հետ միասին անշնչանա...

— Ներիր ինձ, Արամ, — պատասխանեց Մարգարիտան, — կյանքի մեջ շատ անգամ այնպիսի րոպեներ են պատահում, երբ մարդու աչքում կյանքը կորցնում է յուր արժեքը: Ես ինքս միշտ դատապարտել եմ հուսահատ վճիռները, բայց իզո՜ւր. երբ գալիս է հուսահատությունը՝ ամենազորեղ սիրտն էլ ընկճվում է նրա առաջ... Գիտենալ, թե կարող են ինձ բաժանել քեզանից և այնուհետև ցանկանալ ապրել.. ո-հ, ո՞չ, ես չեմ կամենում քիչ-քիչ մեռնել, ես թույլ եմ և ամենից առաջ ես կին եմ...

Այս խոսքերից հետ նա կրկին հեկեկաց և ընկավ իմ պարանոցով: Իմ սիրտը մորմոքում էր. ես էլ կամենում էի լաց լինել նրա հետ, բայց իմ պաշտոնը ծանր էր, ես պետք է սիրտս սեղմեի և մխիթարեի նրան:

— Մարգարիտա, ուրեմն դու հավատում ես որ օտարի ձեռքերը կարող են շոշափել այն սրբարանը, ուր մեր սրտերը միացած են. դու հավատո՞ւմ ես, որ օտարները կարող են բռնանալ մեր սիրո վերա...

— Ես այժմ ամեն բանի հավատում եմ, — պատասխանեց նա դառնությամբ, — երբ հարազատ հայրն է առաջնորդում օտարին, իհարկե, մենք կհաղթվինք: Դու դեռ բոլորը չգիտես: Հիշո՞ւմ ես արդյոք, որ դեռ մեր նշանադրության երեկոյին իմ հոր և պատեր-Սիմոնի մեջ տեղի ունեցած կռիվը լսելով մի քանի վայրկյան սաստիկ տխրեցի, այդ նրա համար էր, որ ես ճանաչում էի իմ հոր թույլ բնավորությունը և գիտեի, թե նա յուր գրգռված ժամանակ գործած այդ հերոսական հանցանքը ինչ փոքրոգությամբ պիտի քավեր ապագայում: Եվ որքան էլ որ ես աշխատեցի հեռացնել ինձանից տխուր մտածմունքները, այսուամենայնիվ իմ կասկածները մարմին առան: Բավական չէր, որ պատեր-Սիմոնի մի շաբաթվա քարոզությունները արդեն հորս կերպարանափոխել էին, այսօր, ինչպես գիտես, մի ույժի վերա երկու ուրիշ հսկաներ էլ ավելացան. Սարատովի գերապայծառը առանց մի վայրկյան կորցնելու օգնություն է հասցրել յուր անօգնական պատերին:

Այսօր երբ Մարին հայտնեց ինձ երկու նորեկների գալուստը և յուր քեզ հետ տեսնվիլը, ես շտապեցի տեղեկանալ, թե ի՞նչ նոր դարան է լարվում մեզ համար: Ես չկարողացա իմանալ, թե ո՞վ էր պատեր-Սիմոնի երկրորդ ընկերը, բայց դռան ետնից ես զարհուրելի վճիռ լսեցի, խոսողը իմ հայրս էր. կարող ես երևակայել, թե ինչ եղա ես, երբ առաջին անգամ ականջիս զարկան նրա հետևյալ խոսքերը.

— Ես արդեն հայտնել եմ պատվելիին, որ ես հնազանդվում եմ գերապայծառի հրամանին և մերժում եմ հերետիկոսին իմ դստեր ձեռքը, երեկ երեկոյան ես հայտնեցի իմ վճիռը Մարգարիտայիս, որքան էլ նա կամ յուր մայրը գոհ չեղան այս հայտնությամբ, այսուամենայնիվ իմ վճիռը անդառնալի է. և ես այսօր իսկ մտադիր եմ վերադարձնել այն երիտասարդին յուր հարսնախոսության մատանին»:

Ես ավելի նրանց լսել չկարողացա, ոտքերս թուլացան և ես մի կերպ քարշ գալով դուրս ընկա պատշգամը, հետո Մարին օգնեց ինձ մորիցս ծածուկ կառք նստելու և ինձ այստեղ ձգելու...

Այս խոսքերից ետ Մարգարիտան մի վայրկյան նայեց ուղղակի իմ աչքերին և բացականչեց,

— Աստվա՛ծ իմ, քեզ վերա ոչինչ ազդեցություն չէ անում իմ բերած գույժը, ես խելագարվո՛ւմ եմ...

— Մի՞ անհանգստանար, Մարգարիտա՞, — պատասխանեցի ես սեղմելով նրան իմ կրծքին, — մարդու դեմքը միշտ սրտի թարգմանը չէ, և դու զուցե սարսափես, եթե բանամ քեզ այդ սիրտը, բայց ճշմարիտ է, որ քո բերած գույժը ինձ վերա քո սպասած ազդեցությունը չարավ, այդ նրա համար է, որ ես նրան առաջին անգամ չեմ լսում...

— Ի՞նչ, մի՞թե դու այդ գիտեիր արդեն, — ընդհատեց ինձ Մարգարիտան:

— Այո, ես դեռ մի փոքր ավելին գիտեմ, — պատասխանեցի ես և պատմեցի նրան Կլեմես սարկավագի ինձ խոսածները:

Երբ խոսքս վերջացրի, մտավ մեզ մոտ քույրս: Նա յուր դրացուհիս մոտից էր գալիս և դեռ ոչինչ չգիտեր: Մեր վրդովված դեմքերը նրան գրեթե սարսափեցրին: Անհանգստությամբ հարցրեց նա մեր տխրության պատճառը, մենք պատմեցինք նրան բոլորը: Խեղճ քույրս սրտնեղությունից չկարողացավ մի բառ անգամ արտասանել և սկսավ լաց լինել, Մարգարիտան արդեն մի առիթ էր որոնում, նա էլ քրոջս ընկերացավ: Բանից երևում էր, որ նրանք ինձանից ավելի լավ էին հասկանում մեր թշվառության ծանրությունը, ըստ որում ավելի լավ էին ճանաչում իմ աներոջ բնավորությունը և կաթոլիկ կղերի զորությունը: Երկար թախանձելուց հետո հազիվ կարողացա հանդարտեցնել նրանց: Հետո քրոջս խնդրեցի, որ Մարգարիտային ընկերակցե մինչև իրենց տունը, իսկ ես պատրաստվեցա այցելել պատեր-Սիմոնին և նրա երկու նոր ընկերներին:

Ես կամենում էի հենց միևնույն օրվա մեջ որոշել իմ բախտը, կամ հաղթել և տիրել իմ սեփականությանը և կամ ընկնել առանց երկար տանջվելու: Մարգարիտան համաձայն էր ինձ հետ:

ԺԶ

ԿԱԹՈԼԻԿ ԿՂԵՐԻ ՄՈՏ

Բաժանվելով Մարգարիտայից ես դիմեցի դեպի պատեր-Սիմոնի տունը: Ճանապարհին զանազան մտքեր պաշարել էին ինձ. կամ մտածում էի՝ գնալ և այդ մարդուց հաշիվ պահանջել յուր գործած չարությունների համար և տալ նրան յուր արժանավոր հատուցումը, կամ դիմել նրան և աղաչել, որ հեռացնե ինձանից յուր ցասումը և արգելք չդառնա մեր միությանը. երբեմն էլ մտածում էի՝ ընկնել քարոզիչ Լորենտանոյի ոտքերը և աղերսել նրա օգնությունը, զիջանելով նրան մինչև անգամ իմ կրոնական համոզմունքները... բայց վերջին երկու միջոցը իմ արժանապատվությունը վիրավորող էի գտնում:
«Ոչնչացնել, կամ ոչնչանալ» վճռեցի ես վերջապես և նոր ուժով կազդուրված քայլերս շտապեցրի:

Երեք ընկերները հենց նոր էին վերադարձել Լուսինյանների տնից: Շատ քաղցր բարեկամությամբ նրանք ընդունեցին ինձ: Պատեր-Սիմոնը քաղաքավարությամբ ծանոթացրեց ինձ Ֆրանցիսկոս Լորենտանո քարոզչի և գիտնական պատեր-Պետրեի հետ:

Ֆրանցիսկոս Լորենտանոն հասակն առած մոտ հիսուն և հինգ տարեկան մի մարդ էր. բարձրահասակ և վայելչակազմ, դեմքը շատ քաղցր և ժպտող, նրա երեսի վերա փայլում էր կատարյալ առողջություն, իսկ այտերը վառվում էին մի նորատի կնոջ դեմքին հատուկ կարմրությամբ: Նրա սափրած ծնոտի տակ հանգչում էր մի երկրորդ ծնոտ, որ ալիքավոր անհավասարությամբ իջնում միանում յուր պարանոցի հետ: Նրա ամբողջ կազմվածքի ներդաշնակությունը խանգարում էր միայն պատերական լայն և ուռած փորը, որի վերա չէր կարողանում տիրապետել յուր ոչ պակաս լայնադիր կուրծքը: Մի քանի րոպե ես հիացմունքով նայեցի նրա վերա:

Այդ մարդին արտաքուստ դատելով ես չար չգտի. նրա ձայնի և նայվածքի մեջ կար մի բան, որ կախարդում էր: Շինծո՞ւ էր այդ, թե՞ բնական, դեռ չգիտեի:

Պատեր-Պետրեն, ընդհակառակը, նիհար, հակակրական դեմքով և մաշված կազմվածքով մի արարած էր. նրա դեմքի և նայվածքի մեջ ես պարզ կարդում էի դիվական չարություն: Նրա ձայնն անգամ անախորժ էր և խռպոտ: Առաջին անգամից իսկ ես զզվեցա նրանից:

Նստելով ինձ առաջարկած աթոռի վերա, ես թույլ չտվի իմ նոր բարեկամներին մի որևէ քաղցր խոսք փոխանակել ինձ հետ, կասկածելով կորցնել խստությունս, ուստի ուղղակի գործից սկսեցի.

— Վերապատվելի հայրք, դուք արդեն ամեն բան գիտեք, և կարող եք գուշակել նույնիսկ իմ այցելության պատճառը, — ասացի ես, — հետևապես ես ձեզ նոր բան պատմելու կարևորություն չեմ տեսնում: Ես սիրում եմ Լուսինյանի աղջկան և արդեն նշանված եմ նրա վերա, այդ գիտեք դուք: Բայց մեր ամուսնությունը ձեզ հաճելի չէ, որովհետև աղջիկը պատկանում է կաթոլիկ դավանության, և դրա համար էլ դուք ամեն ջանք գործ եք դնում խափանել մեր միությունը: Ես եկա հարցնելու ձեզ, վերապատվելի հայրք, թե ի՞նչ բարիք ստեղծելու՞ համար եք գործում այդ չարությունը, և թե ի՞նչ է ձեր պահանջը ինձանից:

— Չարություն մենք չենք գործում, — քաղցրությամբ պատասխանեց քարոզիչը, — Հիսուս Քրիստոսը երբեք յուր աշակերտներին չարություն չէ սովորեցրել...

— Այդ ես գիտեմ, — դառնությամբ ընդհատեցի նրան, — բայց դուք ձեր վարմունքով նրա աշակերտներին չեք նմանում. Քրիստոս սեր էր քարոզում, իսկ դուք սերը քանդում եք...

Այս խոսքի վերա Ֆրանցիսկոս Լորենտանոն ձեռքերը դեպի վեր բարձրացրեց և աչքերը առաստաղի վերա սևեռելով երկյուղած ձայնով բացականչեց.

— Ով սուրբ Տիրամայր, բարեխոսիր քո անմահ Հիսուսին, որ ներե այս հայհոյող մահկանացուին, որ լուսավորե այս մոլորյալի աչքերը և առաջնորդե նրան դեպի ճշմարտության ճանապարհը...

Իսկույն մյուս երկու ֆրերներն էլ հետևեցին քարոզչի օրինակին. կարծես թե այստեղ մի կրոնական ծանր արարողություն էր կատարվում:

Այս կատակերգությունը թեպետ մի վայրկյան շարժեց իմ ծիծաղը, բայց ավելի զայրույթս գրգռեց: Ես տեսա, որ այս մարդիկ ինձ մի անփորձ տղայի տեղ դնելով կրոնական թեռրիաներով են ուզում ճնշել սրտիս մեջ ալեկոծվող կատաղությունը:

— Վերապատվելի հարք, ես հավատում եմ ձեր ջերմեռանդությանը, — ընդհատեցի ես նրանց, — բայց այս րոպեին ես կարոտում եմ ավելի ձեր ճշմարտախոսությանը քան թե աստվածապաշտությանը: Ասացեք ինձ, ինչո՞ւ համար եք դժբախտացնում երկու սիրող սրտեր: Ինչո՞ւ համար եք խեղդամահ անում մի կյանք, որ սկսում է շնչավորվիլ, մի՞թե այդ ձեզ սուրբ Տիրամոր որդին է սովորեցրել:

— Որդյակ, դուք դարձյալ հայհոյում եք. բայց դա հանցանք է, — կրկին սկսավ խոսել քարոզիչը: — Մենք սուրբ ավետարանի աշակերտներ ենք և քարոզում ենք խաղաղություն, մենք ձեզ էլ ներում ենք, որովհետև Հիսուս Քրիստոսը ներողություն քարոզեց, մենք աղոթում ենք միայն հոգիների փրկության համար...

Այս աննպատակ և անմիտ խոսքերը սկսում էին

ձանձրացնել ինձ, քարոզիչը խուսափում էր իմ հարցերին ուղղակի պատասխանելուց:

— Ֆրանցիսկոս Լորենտանո, ձեզ երդվեցնում եմ ձեր վարդապետ Հիսուսի անունով, խոսեցեք ինձ հետ անկեղծությամբ, ես անմիտ քարոզներ լսելու ժամանակ չունիմ. — ինչու՞ համար եք արգելում իմ և Լուսինյանի դստեր ամուսնությունը, դուք, որ խաղաղություն եք քարոզում, դուք, որ հոգիների փրկության համար եք աղոթում, պետք է, որ հոգիների կորուստյան համար էլ դավեր չլարեք, բայց դուք այդ անում եք. դուք մոլորեցնում եք խեղճ աղջկա հորը, դուք նրան դժոխքի ճիվաղներով և սատանաներով եք սպառնում, դուք նրան ավետարանի ճշմարտությունը քարոզելու փոխարեն, առասպելական մոլորություններով եք զբաղեցնում, ա՞յդ է միթե հոգիների փրկության համար աշխատելը:

— Մենք ձեր ամուսնության գործում չենք խառնվում, որովհետև դա հոգիների փրկության չէ վերաբերում, մենք չենք խառնվում և սիրահարական գործերում, որը դևերից ներշնչված մի զգացմունք է. մենք կցանկանայինք փրկել ձեր հոգին, եթե այդ դուք կամենայիք, մենք մինչև անգամ մաղթանքներ կուղղեինք ձեր հոգվո փրկության համար առ սուրբ Տիրամայրն, որ նա բարեխոսեր ձեր մասին Հիսուսի անմահ աթոռի առաջ: Կհամաձայնվեի՞ք դուք փրկել ձեր հոգին, ասացե՛ք, մենք կաշխատենք դրա համար:

— Այո՛, այո՛, մենք կաշխատենք դրա համար, — գրեթե միաբերան կրկնեցին Սիմոն և Պետրե պատերները:

Ես պարզ տեսնում էի, որ այդ մարդիկը դիտմամբ ուզում էին ինձ հիմարացնել: Իմ բոլոր հարցերը նրանք խեղաթյուրում էին, էլ չարժեր երկարել:

— Ուրեմն ասում եք, որ մեր ամուսնության գործում դուք չեք խառնվում, — վերջնական հարցով դարձա ես քարոզչին:

— Ոչ, մենք չենք կարող խառնվել, — պատասխանեց նա, — բայց կցանկանայինք ձեզ դարձնել դեպի ճշմարիտ հավատը և փրկել ձեր հոգին:

— Հոգվո փրկությունը մի կողմ: Ուրեմն դուք չե՞ք արգելում Լուսինյանին, որ նա յուր աղջիկը ամուսնացնե ինձ հետ, — կրկնեցի ես:

— Մենք իրավունք չունինք. դա նրա գործն է, մենք միայն ուղղափառ հոգիների համար կարող ենք մտածել:

— Դուք այնքան բարի կլինեիք ուրեմն, որ այդ միևնույնը կրկնեք նրան, այնպես չէ՞, — հարցրի ես:

— Այո՛, մենք կասենք նրան, որ սրբազան պապի ծառաները միայն ուղղափառ հոգիների փրկության համար կարող են մտածել:

— Եվ դուք չե՞ք արգելիլ, որ նա յուր աղջիկը ամուսնացնե ինձ հետ:

— Մենք ձեր հոգվո փրկության համար էլ կաղոթենք, — եղավ իմ հարցի պատասխանը:

Էլ երկարելու հարկ չկար, այս անմիտ հարց ու պատասխանը չէր հատնելու, եթե շարունակեինք: Ես վեր կացա և առանց պատվելիներին ողջունելու, գրգռված դուրս գնացի:

ԺԷ

ՇԱՐԺՈՒՆ ԵՂԵԳՆ

Ինչպես տեսաք իմ բախտը դեռ մնաց անորոշ: Ես այցելեցի պատերներին նրա համար, որ վերջնականապես որոշեի իմ իրավունքի սահմանը — տիրել իմ սեփականությանը կամ զրկվիլ նրանից: Բայց երևի վճռաջինջ ատյանը այդտեղ չէր: Ես կես զայրացած և կես հուսահատ դիմեցի Լուսինյանների տունը: Հույս ունեի, թե այդտեղ վերջապես կգտնեմ իմ հանգիստը:

Զարմանալի՛ է, որքա՛ն մեծ ազդեցություն ունի մարդկային սրտի վերա երևակայությունը: Շատ անգամ նրա աշխարհում մարդ մի ամբողջ կյանք ապրում և վերջացնում է կատարյալ երջանկությամբ և այդ հենց այն ժամանակ, երբ իրական աշխարհի մեջ, միևնույն մարդը, ընկճված է կատարյալ թշվառության ներքո: Շատ անգամ էլ այդ գերբնական աշխարհը դառնում է մի իրավառ Սոդոմ, ուր իրական աշխարհի երջանիկները հրդեհվում են անողորմաբար: Պատիժը և վարձատրությունը չափվում է այդտեղ միայն մոլորության գնով: Որքան էլ խաբուսիկ է այդ աշխարհի գոյությունը, այսուամենայնիվ հոգիները ապրում են այնտեղ և մարդկային սիրտը վճարում է նրանց համար յուր հարկը:

Լուսինյանների տունը միևնույն էր. ոչինչ նրա մեջ չէր փոխվել: Այնտեղ էլի ապրում էր իմ Մարգարիտան յուր ծնողների հետ: Բայց ես նրա մեջ մեծամեծ փոփոխություններ էի տեսնում, իմ երևակայությունը ժխտում էր ա՛յն ամենի գոյությունը, ինչ որ ես դեռ մի երկու օր առաջ տեսել էի նրա մեջ: «Այնտեղ էլ սեր չկա, — ասում էր ինձ մի աներևույթ ձայն, — գգվանքները փախուստ են տվել այդ տանից, ընտանեկան խաղաղությանը հաջորդել է գժտության ոգին. մի փոքր էլ, և նա դժոխք կդառնա...»:

Եվ իրավ, երբ ես այդ տունը մտա, կարծես բոլոր ինձ ծանոթ առարկաները բողոք բարձին մի չար ոգվո դեմ, որ տխրության քողով պատել էր նրանց:

Տան բնակիչների վերա նույնպես տիրում էր մի ընդհանուր թախծություն: Նրանց բոլորին ես ժողոված գտի իմ զոքանչի սենյակում: Մարգարիտան լուռ նստած էր սենյակի մի անկյունում, նրա մոտ էր և քույրս: Լուսինյան այր և կին տաք տաք վիճաբանում էին, և երբ ես ներս մտա, նրանք լռեցին:

Ես լուռ ողջունեցի նրանց գլխի շարժումով և նստեցի դռան մոտիկ մի աթոռի վերա:

— Ինչո՞ւ համար ես այդտեղ նստում, Արամ, ե՛կ, այստեղ, նստիր ինձ մոտ, — քնքշաբար խոսեց զոքանչս և մի աթոռ քաշեց դեպի իրեն:

Ես լուռ նստա առաջարկած աթոռի վերա:

— Ինչո՞ւ համար ես տխուր, ինչո՞ւ չես խոսում, — կրկին անգամ հարցրեց զոքանչս:

— Ինչո՞վ ուրախ լինեմ, և ի՞նչ խոսեմ, ես դեռ չգիտեմ, թե

արդյոք իրավունք ունեի՞ ձեր տուն մտնելու, թե՞ ոչ, — պատասխանեցի ես:

— Քանի որ ես կենդանի եմ, իմ տունը քեզ համար բաց է, դու իմ որդին և փեսաս ես, — ասաց նա, — ինձանից հետո միայն կարող են քեզ հեռացնել այստեղից:

— Արամը արդեն ամեն բան գիտե, նա խելոք երիտասարդ է և հույս ունիմ ինձ կհասկանա, թողեք, որ ես նրան հայտնեմ իմ միտքը, — այս խոսքերով մոտեցավ ինձ պ. Լուսինյանը և ուզում էր խոսել:

— Ոչինչ հարկավոր չէ ասել նրան, ես արդեն վճռել եմ, ես պատերների հրամանին հնազանդվող չեմ:

— Թողեք, մայրիկ, թողեք որ խոսե, ես կամենում եմ լսել նրան, — խնդրեցի ես զոքանչիս, և նա լռեց:

Պ. Լուսինյանը վերցրեց մի աթոռ և նստեց իմ հանդեպ:

— Դուք հիշո՞ւմ եք, բարեկամ, որ ես առաջին անգամից իսկ շատ լավ ընդունելություն արի ձեզ, — սկսեց խոսել նա, — ես ձեզ համակրեցի, հարգեցի, և հետո, երբ իմ դստեր ձեռքը խնդրեցիք, ես տվի նրան ձեզ: Այդ ժամանակ ես դեռ չէի մտածում տխուր ապագայի մասին, ճշմարիտն ասած, ես մինչև անգամ ձեր ինչ դավանության պատկանելը չգիտեի: Տեսնելով, որ Մարգարիտան համակրում է ձեզ, ես ցանկացա ամուսնացնել նրան ձեզ հետ: Դուք ինքներդ վկա էիք մինչև անգամ, թե ինչպես կոպտությամբ արտաքսեցի պատեր-Սիմոնին իմ տանից, որովհետև նա ընդդիմանում էր իմ դստեր կամքին: Այդ բոլորը ես արի Մարգարիտայիս սիրտը շահելու և նրան զոհացնելու համար: Բայց ամենն էլ անհեռատեսությամբ արի: Իմ վարմունքով ես դժոխքի կրակներին մատնել էի մի ամբողջ ընտանիքի հոգիները: Իմ Մարգարիտան, որին այնքան սիրում եմ ես, պետք է հավիտենական տանջանքների մատնվեր յուր հոր հիմարության պատճառով:

Իմ չարագործության լուրը արդեն հեռագրով հասել է սրբազան պապի ականջը: Եվ նա, որ մի օր օրհնել էր ինձ և որի օրհնությամբ ես այսքան տարի բախտավոր էի ապրում, այժմ, ինչպես ինքը քարոզիչն է պատմում, անիծել է ինձ և իմ բոլոր ընտանիքը: Ես հաստատ գիտեմ, որ մի քանի օր չանցած ես կդժբախտանամ, և ինձ հետ միասին էլ իմ անունը և ընտանիքը կկործանվի: Այս բավական չէ, դեռ մեր դժբախտ մահվանից հետո էլ մեր հոգիները հավիտենական կրակներում պիտի պապակին...

Ես ծիծաղեցի:

— Ո՛հ, մի ծիծաղեք, ես սուտ բան չեմ ասում, և եթե ձեր մեջ սիրտ և հոգի կա, օգնեցեք ինձ իմ այս հանցանքը քավելու, հեռացե՛ք իմ աղջկանից, այդ է մեր փրկության միակ ճանապարհը, և դրանով միայն մենք կկարողանանք սրբազան պապի ներողամտությունը վաստակելու:

— Ձեր կարծիքով ի՞նչ եմ ես, որ ինձ հետ բարեկամ լինելը դուք հանցանք եք համարում:

— Պատվելիները ասում են, որ դուք հերետիկոս եք:

— Բայց ի՞նչ բան է հերետիկոսը:

— Հերետիկո՛սը... Օ՛, հերետիկոսները աստված չունին, նրանք Հիսուս Քրիստոսին չեն ճանաչում, նրանք սուրբ աստվածամորը չեն պաշտում, նրանք սատանաների հետ են գործ շինում... Ո՛չ, ո՛չ, ես չեմ կարող կորցնել իմ աղջիկը, ազատեցեք իմ ընտանիքը այդ պատուհասից, աղաչում եմ ձեզ..,.

Ես ապշած նայում էի այս մարդուն, նա շատ քիչ էր զանազանվում մի խելագարից: Բայց ի՞նչ պետք էր անել, նա ընտանիքի տեր էր, և այսօր իմ իրավունքը գտնվում էր նրա ձեռքում: Ես տեսնում էի, որ Մարգարիտան և յուր մայրը նույնպես նայում էին նրա վերա ինչպես մի հոգեպես հիվանդացած մարդու վերա, և իրենց տխուր նայվածքով կարծես ինձանից դեղ և դարման էին աղերսում նրա համար:

— Այդ բոլորը ձեզ պատմել են ձեր քահանաները, — պատասխանեցի ես, — բայց նրանք մի հատ ճշմարտություն անգամ չեն ասել ձեզ: Մենք և դուք մի ազգ և մի արյուն ենք. այդ դուք էլ գիտեք, այդ դուք ինքներդ էլ խոստովանեցիք հենց այն երեկոյան, երբ այն չարագործ պատերին արտաքսեցիք այս տեղից: Մենք էլ ձեզ նման քրիստոնյաներ ենք, մենք էլ միևնույն աստված և աստուծո որդին ենք պաշտում, որին և դուք: Ինչպես դուք եք սատանաներից հեռու փախչում, այնպես էլ մենք: Այդ բոլորը ինչ որ դուք մեր մասին ասացիք, խայտառակ զրպարտություններ են: Այդ անզգամները ձեզ խաբում են: Նույնիսկ պապը ձեր մասին ոչ կարող է մի բան լսել, և ոչ էլ կմտածե, թե ձեզ նման մի մարդ կա այս կորած անկյունում, այս և այն հանցանքն է գործում: Այդ շինծու խոսքերով այդ մարդիկ միայն խաբում են ձեզ: Բացեք ձեր աչքերը, ճանաչեցեք ձեր բարեկամներին և ազատեցեք ձեր տունը այդ անզգամների մեքենայություններից: Սրանց շարունակ քարոզությունները ձեզ արբեցրել են: Զգաստացե՛ք, խեղճ եք դուք, խեղճ է ձեր ընտանիքը:

Պ. Լուսինյանը մի քանի վայրկյան հառեց ինձ վերա յուր աչքերը, և ապա ուրախ ուրախ մոտենալով բռնեց իմ ձեռքը և ասաց.

— Եթե այդ բոլորը ճշմարիտ է, և եթե դուք հերետիկոս չեք, աղաչում եմ ձեզ, վաղ առավոտ եկեք այստեղ, ես կկանչեմ և մեր պատվելիներին. ապացուցեք նրանց առաջ, որ դուք էլ ճշմարիտ քրիստոնյա եք, և ես այն ժամանակ կտամ ձեզ իմ Մարգարիտային, ինչպես խոստացել եմ:

Ես այդ րոպեին կատարելապես կարեկցում էի կրոնական նախապաշարմունքների այդ դժբախտ զոհին, մանավանդ որ նա իմ սիրած աղջկա հայրն էր, բայց ամենից ավելի կատաղում էի նրան մոլորեցնող դևերի դեմ: Այդ խեղճ մարդը անմեղ էր:

— Շատ լավ, ես վաղ առավոտ կգամ այստեղ, կանչիր և ձեր պատերներին. ես նրանց հետ կխոսեմ ձեր ներկայությամբ:

Պ. Լուսինյանը ուրախությունից չգիտեր ի՞նչ աներ, նա ջերմությամբ ողջունեց ինձ ու քրոջս և դուրս գնաց: Մի քառորդ ժամ Մարգարիտայի և նրա մոր հետ խոսակցելուց հետո մենք էլ դուրս եկանք:

Ճանապարհին մենք անցանք պատեր-Սիմոնի տան մոտից:

Ներսից լսվում էին հարբած մարդկանց ձայներ: Ես հետաքրքրվեցա նայել պատուհանից. Քրիստոնեության առաքյալները կիսով չափ հանված նստած էին սեղանի շուրջը և կռնծում էին...

ԺԸ

ՀԱՎԱՏԱՔՆՆՈՒԹՅՈՒՆ

Հետևյալ օրը ես շատ վաղ զարթեցի, որովհետև չարագուշակ երազները ամբողջ գիշեր վրդովում էին քունս: Արշալույսը նոր էր շառագունում, երբ ես հագնված և պատրաստ դուրս եկա տանից: Առավոտյան զովարար հովը կազդուրիչ ազդեցություն ունեցավ իմ մարմնո և հոգվո վերա: Ես կամենում էի իջնել ծովեզրը, ավելի և սթափվելու համար, բայց այդ ժամանակ եկեղեցվո զանգակները սկսան ղողանջել, և ես հիշեցի իմ այս օրվա ծանր պարտավորությունը:

Դեռ աշակերտության ժամանակից սկսած ես ատում էի կրոնական վիճաբանությունները, անօգուտ ժամավաճառություն անվանելով նրանց: Այսօր ես ինքս ստիպված էի այդ բանով զբաղվիլ իմ մահու և կյանքի խնդիրը վճռել կարողանալու համար: Բախտը շատ անգամ այս օրինակով է խաղում մարդու հետ: Բայց ամենից ցավալին այն էր, որ ես թեպետ իմ ուղղադավան լինելս գիտեի, բայց շատ թույլ էի կրոնական վիճաբանությունների մեջ և իսկապես չգիտեի, թե ինչ տարբերություններ կային մեր և կաթոլիկ եկեղեցիների մեջ: Կասկածելի էր, որ իմ այս տգիտության պատճառով ես կորցնեի մինչև անգամ իմ դատը:

Այս պատճառով ես վճռեցի տանել ինձ հետ տեր-Հովհաննեսին և այդ դատը նրան հանձնել: Այս դիտավորությամբ ես դիմեցի դեպի եկեղեցին: Աստուծո տան այդ օրվա այցելուները մի քանի պառավներ և նույնչափ ծերունիներ էին: Նրանք ջերմեռանդությամբ աղոթում էին. իսկ իմ ներկայությունը կարծես խանգարեց ընդհանուր ներդաշնակությունը:

Այսուամենայնիվ ես էլ սկսա աղոթել: Եվ ամբողջ իմ կյանքում չեմ հիշում այնպիսի վայրկյաններ, որոնց մեջ ես նույնչափ ջերմեռանդությամբ աղոթած լինեի, որպիսի ջերմեռանդությամբ ես այդտեղ աղոթեցի: Այդտեղ ես առաջին անգամ զգացի հոգեկան մխիթարության քաղցրությունը, — մի բարիք, որին չեն կարողանում ո՛չ հափշտակել և ո՛չ բռնաբարել...

Երբ ժամասացությունը վերջացավ և ժամավորները դուրս գնացին, ես մոտեցա տեր-Հովհաննեսին և ողջունեցի նրան:

— Ի՞նչպես է պատահել, որ այսօր եկեղեցի եք եկել, — հարցրեց նա ժպտալով:

— Այսօր աստծուն աղոթելու կարիք զգացի, — պատասխանեցի ես: Տեր Հովհաննեսը երևի գիտեր իմ գլխին հասած չարիքը, ուստի.

— Միշտ այդպես է. թշվառությանը հասած ժամանակն են մարդիկ դիմում աստծուն, — նկատեց նա ծանրությամբ, — բայց ավելի լավ կլիներ եթե նրանք մինչև թշվառության հասնելը հիշեին նրան:

Ես կարմրեցի: Բայց բարի քահանան իսկույն փոխեց յուր խոսակցության եղանակը և սկսավ իմ ակնարկած թշվառության մասին հարցուփորձել ինձ:

Ես ամեն բան մանրամասնաբար պատմեցի նրան:

Եվ հետո երբ իրեն հայտնեցի իմ դիտավորությունը, նրան Լուսինյանի տունը տանելու համար, նա ուրախությամբ համաձայնվեցավ: Բայց ամենից առաջ մենք մտինք յուր տունը, որը գտնվում էր եկեղեցվո բակում, թեյ առնելու համար:

Օրիորդ Վարդուհին դիմավորեց մեզ յուր սովորական ուրախ և կատակներ անելու պատրաստ տրամադրությամբ և. ծանոթացրեց ինձ յուր քրոջ և մոր հետ:

Որքան էլ որ ես տրամադիր չէի ծիծաղելու, դարձյալ նրա զվարճախոսությունները կորզում էին մի մի ժպիտ իմ շրթունքներից: Ինձ հետ պատահած անախորժ դեպքն անգամ նա յուր կատակների նյութն էր շինում:

— Երջանիկ հոգի, երբեք չես ծերանալ, — ասում էի ես նրան:

Բայց, իհարկե, ով կարող էր երաշխավորել, թե նրա գեղածիծաղ պատանեկությունը մի օր չէր ընկճվիլ ամենածանր թշվառության տակ:

Մի ժամից հետո ես և տեր -Հովհաննեսն ուղղվեցանք դեպի Լուսինյանների տունը: Երբ ներս մտանք արդեն նրանց ընդունարանում նստած էին Ֆրանցիսկոս Լորենտանո քարոզիչը և նրա աջ ու ձախ կողքերին Սիմոն ու Պետրե պատերները: Նրանց երեսների վերա նշմարվում էր մի խորհրդավոր և լուրջ մտածություն, իսկ իրենց բարեպաշտ հայացքները սևեռված էին Պիոս 9-րդի պատկերի վերա: Ըստ երևույթին, նրանք տեր-Հովհաննեսին չէին սպասում, որովհետև տանուտերը ինքն էլ չգիտեր, թե նա պիտի գար ինձ հետ. ուստի երբ մենք ներս մտանք, նրանք բոլորն էլ մի անհանգիստ շարժում գործեցին: Պ. Լուսինյանը իսկույն բարձրացավ աթոռից, ողջունեց տեր-հորը և առաջարկեց նրան յուր աթոռը:

Երբ մենք մեր տեղերը բռնեցինք, ավագերեց քարոզիչը բարձրացավ տեղից և դառնալով յուր ընկերներին, ասաց.

— Մենք այս անգամ էլ խաբվեցանք մեր անհնազանդ հավատացյալից, գնանք, նա արժանի չէ սուրբերի սիրելին դառնալու, — և իսկույն երկու պատերները ոտքի կանգնեցան:

— Ո՞ւր եք գնում, պատվելիներ, դուք գործի համար էիք եկած իմ տունը, — մի փոքր վրդովված հարցրեց Լուսինյանը;

— Դուք մեզ չէիք հայտնած, թե հայոց քահանայի հետ պետք է մենք գործ ունենանք, մենք այլադավանների հետ ժամավաճառ լինել չենք կարող...

— Իմ քահանային ես ինքս բերի: Պ. Լուսինյանը այդ մասին տեղեկություն չունի, — ընդհատեցի ես քարոզչին:

Բայց վերջինս մինչև անգամ չնայեց իմ երեսին:

— Պատվելի, դուք լսեցիք, որ պարոնը խոստովանեց ճշմարտությունը. ես ձեզ խաբելու կարիք չունեի, — խոսեց կրկին Լուսինյանը և սպասում էր քարոզչի ներողամտությանն արժանանալու:

Բայց պատվելիները պատրաստվում էին արդեն անհնազանդ հավատացյալի տունը թողնելու:

— Որովհետև ես երկար ժամանակ այս անորոշ դրության մեջ մնալ և իմ ընտանիքը խռովության մեջ պահել չեմ կարող, — առաջ անցնելով խոսաց պ. Լուսինյանը, — ուստի հայտնում եմ ձեզ, պատվելի հայրեր, որ եթե դուք ինձ հակառակը չեք համոզիլ, ես հենց այս երեկո կպսակեմ նրա հետ իմ աղջիկը:

Այս անկեղծ և վճռողական սպառնալիքը յուր ներգործությունը ունեցավ պատերների վերա, նրանք ետ դարձան:

— Մենք չենք հրաժարվում, — միաբերան բացականչեցին պատերները և հանդիսավոր կերպարանք առնելով՝ շարվեցան փափուկ բազմարանի վերա:

— Դուք կամենում եք, որ ես ձեր փեսայի հետ հավատի մասին դատողություն անեմ, — դարձավ Լուսինյանին քարոզիչը, — շատ լավ, ես այդ կանեմ, միայն թող նա մի առ մի պատասխանե իմ հարցերին:

Այս ասելով նա դարձավ դեպի ինձ և սկսավ յուր հարցաքննությունը:

Ես հայտնեցի հավատաքննիչ պատերին, որ յուր բոլոր հարցերին անձամբ պատասխանել չէի կարող, որովհետև իմ դավանության վերաբերյալ խնդիրների հետ ես ինքս էլ լավ ծանոթ չէի: Ուստի խնդրեցի, որ նա այդ հարցերը տեր-Հովհաննեսին ուղղե, ինչպես իմ հավատո ուսուցչին և պաշտպանին:

Քարոզիչ պատերը համաձայնվեցավ:

Եվ ահա շուտավ հանդես բերվեցան կրոնական այն մանրակրկիտ խնդիրները, որոնք երկար դարեր զբաղեցնում էին եկեղեցական և հոգևոր աշխարհները:

Այդ հավատաքննությունը բավական ժամանակ տևեց: Ես մեծ հոժարությամբ լսում էի երկու կողմի վիճաբանություններն էլ, որոնք հետզհետե տաքանում էին և երկարում:

Տեր-Հովհաննեսը քաջությամբ էր պաշտպանում իմ դատը և փաստերով հերքում քարոզչի մեղադրանքները: Երկու օգնական պատերները մի քանի րոպե մնացել էին շվարած, իսկ Լուսինյանի ուրախությունը հետզհետե ավելանում էր:

— Ես այժմ ամեն բան հասկացա, ես էլ չեմ զղջում, — շուտ շուտ կրկնում էր, նաև յուր ցնծությամբ լի աչքերը դարձնում մերթ ինձ և մերթ տեր-Հովհաննեսի վերա:

Երբ օգնական պատերների միջամտությունը սպասված ընդունելությունը չգտավ, կրկին քարոզիչը վիճաբանության մեջ մտավ Տեր-Հովհաննեսի հետ: Բայց տեր-հայրը դեռ չէր պատասխանել նրան, երբ դիմացի դուռը բացվեցավ, և Մարգարիտան ներս մտավ հավատաքննական ատյանը:

Բոլորը լռեցին և ուղղվեցան իրենց աթոռների մեջ. իսկ իմ մարմնի վրայից անցավ մի հանկարծական սարսուռ...

Մարգարիտայի դեմքը թեպետ տխրությունից դալկացած, բայց յուր աչքերը զայրույթից վառվում էին. նա այդ րոպեին և՛ գեղեցիկ, և՛ զարհուրելի էր... Հառաջանալով դեպի հավատաքննիչները, նա կանգնեց նրանց դեմ առ դեմ և սրտմտությունից դողացող ձայնով ասաց.

— Պատվելիներ, դուք շատ խոսացիք և ապարդյուն խոսացիք. այժմ հերթն իմն է, ուրեմն ինձ լսեցեք: — Ձեր բոլոր վիճաբանությունները, ձեր քննությունները և ընդդիմախոսությունները ինձ համար են. դուք կամենում եք փրկել իմ հոգին դժոխքից, շնորհակալ եմ ձեր հոգատարության համար: Բայց թույլ տվեք ինձ անկեղծ լինել և խոստովանել իմ զգացմունքը և հավատը: — Ես սիրում եմ այս երիտասարդին, (նա այդ ժամանակ մատնացույց արավ ինձ վերա), և իմ հոգին մեր միությունից չի կորչիլ: Այս երիտասարդին եմ նվիրել ես իմ սիրտը, այս երիտասարդին էլ կնվիրեմ այդ հոգին... Ազատեցե՛ք մեր տունը ձեր խռովարարությունից, դարձրե՛ք մեզ մեր ընտանեկան խաղաղությունը...Եթե դուք քրիստոնեությունն եք պաշտպանում, քրիստոնեությունը իմ խնդիրքի մեջ է, պատկառ կացեք նրան: Բայց դուք կամենում եք դեռ երկար համառել, հավատացեք, որ այդ համառումը ապարդյուն կլինի, որովհետև ես իմ կամքիս հաստատ եմ և իմ զգացմունքներիս հավատարիմ:

Այս ասելով նա մի մտերմական, բայց դեռ զայրույթից անբաժան ակնարկ ձգեց ինձ վերա և դուռը շառաչմամբ փակելով, դուրս գնաց:

Պ. Լուսինյանը մնացել էր ապշած, ես և տեր-Հովհաննեսը հիացել էինք, իսկ հավատաքննիչ պատերները ձեռնամբարձ աղոթում էին դեպի Պիոս 9-րդի պատկերը:

Մի քանի րոպեից հետ տեր-հոր ընկերակցությամբ ես էլ դուրս գնացի հավատաքննական ատենից: Թե ինչ պատահեց այնուհետև պատերների հետ, ես չիմացա:

ԺԹ

ՄԻ ՆՈՐ ՓՈՐՁ

Մեր հավատաքննական հաշիվը կաթոլիկ կղերի հետ վերջացնելուց հետո պ. Լուսինյանը բոլորովին փոխվել և նոր հոգի ու սիրտ էր ստացել: Այն բոլոր վշտերը, որ նա յուր վարմունքով պատճառել էր ինձ և Մարգարիտային, այժմ աշխատում էր մոռացնել տալ մեզ: Նա ինքը զանազան զվարճություններ էր պատրաստում մեզ համար, դաշտային զբոսանքների էր հրավիրում մեզ և տխուր անցքերի հիշատակը մեր մտքերից գլխովին ջնջելու համար փոքրիկ խնջույքներ էր սարքում յուր տան մեջ կամ այգիում և հրավիրում ինձ և Մարգարիտային սիրելի ընկերությունները:

Ճշմարիտ սիրող սրտերը չափազանց դյուրազգաց են լինում, որքան շուտ են վիրավորվում նրանք մարդիկների անիրավությունից, նույնչափ շուտ էլ խանդաղատվում են նրանց բարությունով: Ապազայի փոքրիկ քաղցրության հասնելուն պես անցյալի մեծ դառնությունները երազի նման անհետանում են սիրող մարդու աչքում, որովհետև սերը ինքը տրամադիր է միշտ չարությունը մոռանալու: Տվեք նրան երջանիկ լինելու համար մի օր, և նա կներե ամբողջ տարիների ընթացքում ձեր յուր դեմ լարած մեքենայությանց բոլոր հանցանքը...

Զարմանալի չէր լինիլ ուրեմն, եթե ես և Մարգարիտան նույնպես հեշտությամբ մոռացության տայինք մեր կրած վշտերը: Առաջին անգամ երբ ես կրկին լսեցի Լուսինյանից, որ նա չէ մերժում այլևս յուր դստեր ձեռքը ինձ տալու, ուրախությունից չգիտեի ինչ անել: Մարգարիտան այդ ժամանակ կանգնած էր ինձ մոտ ներքին հրճվանքից այրվող երեսով, յուր հոր վճիռը լսելուն պես մեր հայացքները ուղղվեցան միմյանց, և մենք ինքնաբերաբար գրկախառնվեցանք, ջերմությամբ սեղմվեցինք իրար և արտասվեցինք... այդ րոպեին ես էլ ուրիշ բան չէի հիշում բացի այն, որ Մարգարիտան իմ գրկումն էր, որ Մարգարիտան իմն էր...

«Օ՜ն և օ՜ն, էլ ոչ մի ույժ, էլ ոչ մի մեքենայություն չէր կարող խլել նրան ինձանից, — մտածում էի ես, — այս անգամ ես Մարգարիտային իմ կրծքի վերա, իմ գրկերի մեջ պիտի պահեմ. առաջ մահ և ապա թե պարտություն...»:

Երկու օր անցավ, երկու երջանիկ օրեր: Ամեն բան լավ էր գնում, վերքերը արդեն բուժվել էին, սերը ապրում էր...

Մենք նորեն ձեռք առինք այն մենավոր զբոսանքները, որոնք սնունդ և կյանք են տալիս սիրահարներին: Մեր զրույցները թեպետ մի առ ժամանակ անցյալ վշտերին և մեր դեմ լարած մեքենայություններին էին նվիրված, բայց շուտով էլ նախնի կերպարանքն առին: — Սիրել, սիրվիլ, ամուսնական երջանկություն, ապագայի երջանկություն... ահա այն խնդիրները, որոնք զբաղեցնում էին մեզ:

Շուտով քաղաքի մեջ էլ սկսան խոսել մեր մոտալուտ հարսանիքի վերա և զվարճասեր օրիորդները դարձյալ տուալետներով զբաղվիլ սկսան:

Բայց «մարդը մտադրվում է, աստված կարգադրում է». դեռ ոչ ոք չէր գուշակել այն, ինչ որ կատարվեցավ:

Լուսինյանի վերջնական համաձայնությունը առնելուս երրորդ օրն էր: Համաձայն մեր նախընթաց ավուր ժամադրության ես մեր տան մեջ սպասում էի Մարգարիտային: Բայց որոշյալ ժամանակից մի քանի ժամ արդեն անցել էր, և նա չէր երևում: Ես սկսում էի անհանգստանալ. մի փոքր հետո որոշեցի գնալ իրեն մոտ: Բայց դեռ նախասենյակից դուրս չէի եկել, երբ Մարիին տեսա, որը գալիս էր ինձ մոտ:

— Բարի լինի գալուստդ, ի՞նչ կա, — հարցրի ես.

Մարին ոչինչ չպատասխանեց և տվավ ինձ մի նամակ: Նրա լռությունը և դեմքի չափազանց տխրությունը արդեն գուժում էին ինձ մի նոր դժբախտություն: Ես շտապ շտապ բացի նամակը և կարդացի.

«Սիրեցյալդ իմ Արամ:

Որքան էլ դու հավատում էիր մեր բախտին, այսուամենայնիվ ես թերահավատում էի, թեպետ չէի արտահայտում այդ զգացմունքը, թերահավատում էի, որովհետև մի անգամ այս բախտը սկսել էր գլորվիլ և պիտի մինչև վերջը գլորվեր... Մի նոր դժբախտություն էլ այսօր երևան եկավ. պատրաստվիր նրան էլ քաջությամբ դիմավորելու, մինչև որ ես կգամ քեզ մոտ: Այս անգամ ես զգում եմ արդեն, որ կարող եմ հերոսուհի լինել. պատրաստվիր ինձ հետ միասին հերոսանալու: Դժբախտության մեջ երջանկություն գտնել անկարելի են համարում փիլիսոփաները, բայց մենք կապացուցենք դրա կարելիությունը:

Այսօր քեզ հետ կդարձնեն քո նշանատվության ընծաները. ընդունի՞ր նրանց անվրդով, առանց տխրության, որովհետև նրանց մեջ չես գտնիլ այն ընծան, որ ամենից թանկագին է և որը քո հոգին է նվիրել ինձ. նա պահվում է իմ կրծքի տակ և մարդկային ձեռքը անզոր է նրան այնտեղից դուրս խլելու:

Մինչև ընդ փույթ ցտեսություն:

Քո Մարգարիտա»:

Նամակը կարդալուց ետ իմ սիրտը բոլորովին հանգիստ էր. Մարին զարմացավ իմ սառնասրտության վերա:

— Գնա՛ և ասա՛ Մարգարիտային, որ ես չտխրեցի, — ասացի նրան և դուրս գնացի պատշգամբ:

Բայց որովհետև քույրս դեռ ոչինչ չգիտեր և կարող էր այլայլվիլ եթե իմ նշանատվության ընծաները հետ բերեին մեզ, ուստի նրան էլ կանչեցի ինձ մոտ և նամակը կարդացի իրեն:

Ինչպե՞ս կարող էր լսել մի թույլ կին այս հայտնությունը. հենց այդպես էլ լսեց նա: Կսկիծ, զայրույթ, հոգեկան այլայլություն և վերջը վհատություն ու լաց՝ ահա այն զենքերը, որոնցով իմ քույրը դիմավորեց իմ հաղորդած չարագույժ նորությանը:

Բայց ես սկսա համոզել, խոսքերով մխիթարել նրան, հասկացնելով, որ ինձ ոչինչ տխրություն չեն կարող պատկառել հետ դարձող ընծաները, բավական է, որ Մարգարիտան այս դեպքում այնքան արիություն է ցույց տալիս:

Քիչ ժամանակ չանցած մեզ մոտ մտավ ոստիկանական մի պաշտոնյա, քաղաքի նոտարի հետ միասին:

— Մենք ձեզ մի քանի իրեղեններ ունինք հանձնելու համաձայն այն հրամանին, որ Սարատովի գերապայծառը նույն տեղի ոստիկանության միջոցով հեռագրով հաղորդել է մեր ոստիկանատանը, — ասաց պաշտոնյան և բանալով յուր անթի տակ առած արկղիկը, հանեց նրա միջից իմ նշանատվության ընծաները և մի մի համարելով հանձնեց ինձ: Հետո նոտարը բացավ մի մատյան, որի մեջ ցուցակագրված էին այդ իրեղենները և ինձ առաջարկեց ստացումս ստորագրելու: Ես իհարկե կատարեցի այդ առաջարկությունն էլ:

Այս պաշտոնական այցելությունը վերջացնելուց հետ մեր անծանոթ հյուրերը քաղաքավարությամբ ողջունեցին մեզ և դուրս գնացին:

Թեպետ ես շատ լավ համոզված էի, որ մեզ բերած անշունչ առարկաները չէին մեր սիրո պատճառն ու գրավական, թեպետ ես գիտեի, որ ոչ մի պաշտոնական նշանադրություն կամ քահանայական օրհնություններ չէին կարող սրտեր կապել և մի ամուսնություն երջանիկ անել, եթե սերը չէր սրտերի կապը, եթե սերը չէր ամուսնության թագադիրը, այսուամենայնիվ ես չկարողացա այդ ժամուն զսպել իմ վրդովմունքը: Այդ հետ դարձրած ընձաները իմ աչքում մի մի կենդանի հոգիներ էին երևում, սևասքող և տխրադեմ, ես երկար նրանց նայել չկարողացա և հրամայեցի քրոջս հեռացնել իմ աչքից: Մինչև այդ, ես դեռ մի փոքր արիություն էի պահպանում, բայց երբ քույրս մոտեցավ զոհարներին և նրանց մինը վերցնելուն պես լաց եղավ, ես այլևս չկարողացա զսպել ինձ. ես էլ իսկույն արտասվեցա... Բայց ամոթից թաքցրի այդ արտասուքները և դուրս գնացի:

Երեկոյան դեմ Մարգարիտան եկավ ինձ մոտ: Այդ միջոցին ես միայնակ նստած իմ սենյակում խորասուզվել էի տխուր մտածմունքների մեջ: Ես մինչև անգամ մոռացել էի, որ Մարգարիտան ժամադիր էր եղել ինձ այցելելու, և նրան չէի սպասում:

Մտնելով սենյակս նա ժպտալով ողջունեց ինձ: Ես բոլորովին շվարած նայեցի նրա վերա:

— Զարմանո՞ւմ ես, որ ես տխրամած դեմքով չեմ հանդիպում քեզ, — հարցրեց նա:

— Մի՞թե չպետք է զարմանամ, — պատասխանեցի ես և դողդոջուն ձեռքով նրա աջը սեղմեցի:

— Եթե դու հոգեբան լինեիր, ինձ կհասկանայիր, — պատասխանեց նա, — շատ անգամ ծայրահեղ չարիքները մեծամեծ բարիքներ են ծնեցնում, որովհետև թշվառության ծանրությունը ստիպում է մարդիկներին զգաստանալ և հաղթահարել նրան: Եթե չար ոգիները այսքան եռանդով զինվեին իմ բախտի դեմ, երբեք ես չէի վստահանալ նրանց դեմ ապստամբվելու: Այժմ չոր փայտի հետ դալարն էլ պիտի այրվի, ես...արդեն որոշել եմ:

Մարգարիտան այնպիսի հաստատուն ձայնով արտասանեց յուր այս խոսքերը, որ ես մի վայրկյան սարսափեցի:

— Ի՞նչ ես որոշել դու անելու, — անհանգստությամբ հարցրի ես, — քո ողջույնի ժպիտը ուրախության ժպիտ չէր. այլ հուսահատության, ասա ինձ, մի՞թե դու որոշել ես ինձ կրկնապատիկ անբախտացնելու...

— Անբախտացնել, ինչու՞ համար, — բացականչեց նա ոգևորությամբ, — ես կամենում եմ դեռ ապրել և քեզ հետ միասին երջանկանալ: Մի՞թե դու կարծում ես, թե ես անձնասպանության վերա՞ եմ մտածում, բնավ, դեռ իմ հոգին այդքան ընկճված չէ, դեռ ես պետք է ապրեմ իմ թշնամիներին վրեժխնդիր լինելու համար...

— Մարգարիտա, դու ինձ հիացնում ես, ի՞նչ ես որոշել դու, ասա՞ շուտով, ես կամենում եմ իմանալ:

— Ես քեզ կասեմ, բայց ո՛չ այստեղ, — պատասխանեց նա, — գնանք դուրս, դու ամբողջ օրը սենյակումն ես փակվել, այդ լավ չէ: Բացի այդ, ես կամենում եմ մի քիչ զբոսնել քեզ հետ այգում: Գնա՛նք, ամեն բան դու այնտեղ կլսես:

Ես հնազանդվեցա:

Քույրս երևի կարծելով, որ ես արդեն քնանում եմ իմ սենյակում, ինքն էլ միամտվել և քնել էր յուր ննջարանում: Ես չկամեցա արթնացնել նրան, բայց կասկածելով, որ այսպիսի միջոցներում իմ բացակայությունը կարող էր նրան անհանգստացնել, պատվիրեցի ծառային հայտնել նրան մեր տեղը և ապա մենք դուրս գնացինք:

Երբ այգին հասանք, արեգակը խոնարհվում էր դեպի յուր մուտը. նրա վերջին ճառագայթները խաղում էին կանաչազարդ ծառերի կատարների վերա: Երեկոյան հովին արդեն տեղի էր տվել ցերեկվա տոթը, և այգվո մենավոր ճեմիլիքների մեջ հետզհետե խռնվում էին զբոսնողների խմբակները: Մարդիկներից չտեսնվելու համար մենք հեռացանք մի ամենախուլ անկյուն, ուր գրեթե վերջանում էր այգվո ծառաստանը և սկսվում ծովի ավազուտը, և նստեցինք անձրևի ու ալիքների հարվածներից մաշված մի նստարանի վերա:

— Դու կամենում էիր իմ որոշման համար լսել, — հարցրեց Մարգարիտան:

— Ոչ, ամենից առաջ դու ինձ այն օրվա հանելուկի մասին պատմիր, ես նրա վերաբերությամբ, դեռ շվարման մեջ եմ, — պատասխանեցի ես: — Ո՞վ հրամայեց ձեզ հետ դարձնել ինձ իմ նշանադրության ընծաները:

— Այդ հրամանը եկավ Մարատովի եպիսկոպոսից և մեզ հաղորդվեցավ ոստիկանատնից, պատասխանեց Մարգարիտան: Գերապայծառը յուր պաշտոնական հեռագրի մեջ հայտնել էր ոստիկանապետին, որ ինքը հիմնվելով յուր վերապատվելի քարոզիչ Ֆրանցիսկոս Լորենտանի և Պետրե ու Սիմոն հայրերի հեռագրական զեկուցման վերա, մեծ և անզիջանելի չհաստություն է գտնում Լուսինյան օրիորդի և Բյուրատյաների երիտասարդի ամուսնության մեջ, հետևապես օգտվելով յուր սրբազան իրավունքից արգելում է այդ միությունը. ընդ նմին և հրամայելով վերադարձնել երիտասարդին յուր նշանատվության առհավատչյան: Ահա բոլորը, ինչ որ ես գիտեմ այս օրվա հանելուկի մասին:

Ես աչքերս հառած լսում էի Մարգարիտային: Երբ խոսքը վերջացրավ, ես հարցրի նրան,

— Ի՞նչ մարդ է ձեր հայրը, դուք ճանաչո՞ւմ եք նրան:

— Այո՛, ճանաչում եմ, նա այն մարդիկներից մինն է, որոնք ապրում են՝ և մեռած են. որոնց ուղեղը աշխատում է՝ բայց իրենց համար, որոնց սիրտը բաբախում է՝ բայց ստրկական զգացումներով... այո, ես ճանաչում եմ իմ հորը:

— Եվ այդպես դու նրանից ոչինչ չե՞ս պահանջում:

— Ես նրանից ոչինչ էլ չեմ սպասում: Գերապայծառի հրամանը նրա համար սուրբ է, և նա մինչև վերջը հնազանդ կմնա նրան: Բայց ես որոշել եմ չթողնել քեզ...

— Այո՛, քո որոշումը, ես այդ մոռացել էի:

— Եվ որոշել եմ հեռանալ քեզ հետ...

— Հեռանա՞լ. մի՞թե այդ հնարավոր է:

— Այո հեռանալ, մենք պետք է միասին քո հայրենիքը գնանք:

— Բայց քո մայրը...

— Մենք մի օր դարձյալ կվերադառնանք նրա մոտ: Նա իմ որոշման համար շատ չի տխրիլ: Որովհետև ավելի սիրելի է նրան լսել, որ մենք միասին ենք և երջանիկ, քան տեսնել ինձ յուր մոտ և դժբախտ...

— Մարգարիտա, դու մի քաջ աղջիկ ես, ես հազիվ թե արժանի եմ քեզ, — բացականչեցի ես, — գնանք, ես իմ թևերի վերա կտանեմ քեզ:

— Ուրեմն համաձա՞յն ես...

— Եվ դու կասկածում էի՞ր... մի՞թե ես արդեն երջանկության մեջ ծերացա... Քեզ հետ միասին՝ թեկուզ աշխարհի ծայրը:

— Ուրեմն վճռված է, մենք կերթանք:

— Հենց առաջիկա շոգենավով, — ավելացրի ես, — ուշանալու կարիք չկա:

Եվ մենք որոշելով տեղը և ժամանակը, ուր կարևոր պատրաստությունների վերա պիտի խոսեինք, հեռացանք այգիից:

Ի

ԴԱՐԱՆ

Նույն ավուր երեկոյան պահուն այցելեց ինձ իմ հին բարեկամ Կլեմեսը: Պատերների մասին արած հայտնությունից ի վեր՝ կաթոլիկ սարկավագը ինձ սիրելի էր դարձել: Շատ անգամ ես նրա հետ զբոսնում էի ծովափում և պատմում էի նրան մինչև անգամ իմ ցավերը: Նա այնքան բարի և ազնիվ էր երևացել իմ աչքում, որ ես անխոհեմություն չէի համարում հայտնել նրան մինչև անգամ մի քանի գաղտնիքները:

Երբ նա մտավ ինձ մոտ, ես ուրախացա, որովհետև գիտեի, որ միշտ մի նոր լուր պետք է հաղորդեր ինձ. բացի այդ պատերների մասին ես մի քանի տեղեկություններ պետք է քաղեի նրանից: Թեպետ Կլեմեսը այլևս նրանց մոտ չէր գնում, բայց ինչպես ինքն ասում էր, միշտ հետևում էր նրանց քայլերին և ամեն բանի մասին լիուլի տեղեկություններ ուներ:

— Ես շատ անհանգիստ եմ, և շտապեցի ձեզ մոտ մի շատ կարևոր գործի համար, — ասաց նա, պարզելով ինձ յուր ձեռքը:

— Ի՞նչ կա, — հարցրեցի ես անհանգստությամբ, — պատմեցեք տեսնեմ:

— Դուք անցաթուղթ ունե՞ք, — հարցրեց նա:

— Ինչո՞ւ համար եք հարցնում:

— Դեռ ասացե՛ք, շուտ, ես անհանգստանում եմ:

— Այո՛, ունիմ:

— Հապա ո՞րտեղ է. ցույց տվեք ինձ, ես կամենում եմ աչքով տեսնել:

— Բայց ինչու՞ համար է ձեզ այդ հետաքրքրությունը, — հարցրի ես, — առաջ դուք պատմեցեք:

— Ինձ ցույց տվեք ձեր անցաթուղթը, — կրկնեց նա միևնույն եղանակով, — հետո ես կպատմեմ:

Ես դուրս քաշեցի մահճակալի տակից իմ պայուսակը և բանալով նրան, հանեցի նրա միջից իմ անցաթուղթը և ցույց տվի բարեկամիս:

Կլեմեսը կարդալով նրան մինչև վերջը, ծալեց և հետ տվավ ինձ, ասելով.

Դրեք յուր տեղը, այժմ ես հանգիստ եմ:

— Էհ, հիմա պատմեցեք, տեսնեմ ինչու համար էիք անհանգստանում, — հարցրի ես:

— Ահա՛ թե ինչու համար, — պատասխանեց նա: — Ոստիկանության մեջ ծառայող իմ մի բարեկամը այսօր պատմեց ինձ, որ պատեր-Սիմոնը հայտնել է ոստիկանապետին, թե դուք անցաթուղթ չունենալով հանդերձ եկել եք այստեղ և խռովում եք յուր փոքրաթիվ հոտը, ուստի և խնդրել է հեռացնել ձեզ այստեղից համաձայն օրինական կանոնադրության: Ոստիկանապետն էլ իրավացի գտնելով պատվելիի պահանջը, հրամայել է թաղապետին գալ և այս մասին հայտնել ձեզ: Այժմ փառք աստուծո, որ դուք անցաթուղթ ունիք և ես նրան իմ աչքովս տեսա: Այսուհետև ոչինչ երկյուղ չունիմ. թո՛ղ դարաններ լարեն, որքան կամենում են. աստված անմեղի կողմն է...

Այս անակնկալ հայտնությունը որքան զարմացրեց ինձ. նույնչափ էլ ավելացրեց իմ սերը և համակրությունը դեպի երիտասարդ սարկավագը: Ես սկսում էի անկեղծությամբ կապվիլ նրա հետ. մինչև այժմ հասարակ գաղտնիքներն էի հայտնում նրան, բայց այս նորությունը լսելուց հետո ես մինչև անգամ վստահացա մեր փախչելու համար ունեցած դիտավորությունն էլ նրան հայտնելու:

— Ահա՛ խելոք միտք, — բացականչեց նա, երբ ես պատմեցի նրան փախուստի համար մեր ունեցած ծրագրի մանրամասնությունները, — գնացեք, բարի ճանապարհ, այնուհետև էլ ոչ ոք չէ կարող խլել ձեզանից ձեր Մարգարիտային: Ճանապարհվեցեք որքան կարող եք շուտ, որովհետև ձեր կորցրած ամեն մի վայրկյան թանկ է, և եթե ուշանաք, դուք կարող եք երբևիցե բռնվիլ պատերների որոգայթի մեջ:

Այնուհետև նա ինձ խորհուրդներ էր տալիս, թե որ շոգենավով ավելի հարմար և ապահով կլիներ մեր փախուստը, թե ինչ ձևով պետք է վարվեինք նավի մեջ անծանոթ մնալու համար, թե ինչ պետք է անենք իմ հայրենիքը հասնելուն պես և այլն և այլն:

Երբ այս բոլորի մասին կարևոր խոսակցությունը ավարտեցինք, Կլեմեսը խնդրեց ինձ, որ յուր հետ միասին գնայինք յուր տունը:

— Քանի որ դուք մտադիր եք հեռանալ այստեղից, գոնե մի անգամ այդ պատիվն արեք ինձ, — ասաց նա, — այցելեցեք ինձ իմ տան մեջ, և ես չեմ մոռանալ երբեք, որ մի անգամ դուք իմ ամենալավ բարեկամն էիք...

Ես այս խոսքերից մինչև անգամ զորովվեցա:

— Գնանք, — պատասխանեցի ես, — ինձ համար ավելի սիրելի է ձեզ նման անկեղծ մարդու տնակում ժամանակ անցկացնել, քան կեղծավոր մարզիկների ապարանքում:

Երբ մենք դուրս եկանք տանից արդեն մութն էր:

Երկինքը ամպամած լինելով աստղեր չէին երևում և խավարը արդեն բռնել էր փողոցները, լապտերների նվազ լույսն էր միայն աղոտ կերպով լուսավորում նրանց: Եթե մի լուսնյակ գիշեր լիներ, գուցե ես զղջայի, որ հոժարվեցա ամառային երեկոն մի խուցում անցուցանելու, բայց այժմ ուրախությամբ էի ընկերակցում սարկավագ բարեկամիս:

— Դուք երևի, չգիտեք, թե ինչ ճանապարհներով եմ ես այս պատերների գաղտնիքները իմանում, — հարցրեց նա, երբ մենք մոտեցանք պատեր-Սիմոնի բնակարանին:

— Ո՛չ, ես մինչև անգամ այդ կամեցել եմ հարցնել ձեզ, բայց միշտ մոռացել եմ, — պատասխանեցի ես:

— Պատեր-Սիմոնի մոտ ծառայողը իմ քրոջ որդին է, — խոսեց Կլեմեսը: — Նա ինքն էլ ատելով ատում է նրանց: Բայց ինչ անե խեղճը. նա աղքատ է, և պաշտոնը թողնել անկարող է: Ես դեն շպրտեցի իմ պաշտոնը նրա համար, որ փոքր ի շատե կարողություն ունեի, և նրանով էլ ապրում եմ, բայց նա չէ կարող: Միայն թե յուր ատելությունը դեպի նրանց և հավատարմությունը դեպի ինձ նրանով է ապացուցանում, որ ամեն գաղտնիք հայտնում է ինձ և ես կարևոր օգուտները քաղում եմ նրանից: Այսօր էլ մի կարևոր հանձնարարություն ունեմ արած. այժմ իսկ պիտի հարցնեմ և տեսնեմ. կատարե՞լ է, թե՞ ոչ: Դուք այստեղ մի վայրկյան սպասեցեք, ես կմտնեմ նրա մոտ, — այս ասելով նա ներս մտավ արդեն բաց դռնով և անհայտացավ բակի խավարի մեջ:

Ես հետաքրքրությամբ մոտեցա դեպի փողոցը նայող սենյակի պատուհանին՝ տեսնելու համար, թե ովքեր կան ներսում: Բայց հաստ վարագույրը արգելեց ինձ իմ նպատակին հասնելու, միայն ներսում խոսում էին մի քանի ձայներ, որո մեջ ես որոշակի ճանաչեցի և պ. Լուսինյանի ձայնը: Ես ավելի հետաքրքրվեցա և սկսա ուշադրությունս ի մի ամփոփել տեղի ունեցող խոսակցությունից մի բան որոշելու համար, բայց մինչ այդ Կլեմեսը դուրս եկավ:

— Գնանք, հանձնարարությունս դեռ չէ կատարել, — ասաց նա, — երևի վաղը կհաջողվի նրան այդ:

— Ի՞նչ հանձնարարություն է, չեմ կարող իմանալ:

— Ոչ, երբ կվերջանա, ես կհայտնեմ ձեզ, և դուք ինձանից շնորհակալ կլինեք, — ասաց նա:

— Դուք իմացա՞ք, թե ովքեր կան այդտեղ, — հարցրի ես:

— Ինչպես չէ, պ. Լուսինյանը, նա մի քանի ժամ է, ինչ որ այստեղ է գտնվում, այսպես ասաց ինձ իմ քեռորդին, — պատասխանեց Կլեմեսը:

— Այո՛, ես էլ նրա ձայնը լսեցի, — պատասխանեցի ես, — բայց չիմացանք, թե ինչու համար էր եկել:

— Այդպես շուտ չէր կարելի իմանալ. դրա համար դեռ վաղը պիտի տեղեկանամ, — ասաց սարկավագը, և մենք շարունակեցինք մեր ճանապարհը:

Կլեմեսի պատեր-Սիմոնի տուն մտնելը իմ մեջ ոչ մի կասկած չզարթեցրեց. ես հավատացի նրա բոլոր խոսքերին:

Երբ հասանք մի նեղ փողոց, խավար անկյունի մեջ նա ցույց տվավ մի մեծ դուռ, որը բացված էր երկու փեղկերի վերա, և ասաց.

— Ահա՛ այստեղ, այս բակումն է իմ սենյակը, մտնենք: Եվ նա առաջնորդեց ինձ դեպի ընդարձակ բակը, որը յուր կենդանությամբ բոլորովին հակառակ պատկեր էր ներկայացնում այդ տունը շրջապատող փողոցին: Բակի երկու կողմից հորիզոնական ձևով շինված էին բազմաթիվ սենյակներ, քարվանսարայի խուցերի ձևով, որոնց բոլորի պատուհաններն էլ լուսավորված էին և հաստ վարագույրներով ծածկված: Նրանցից մեկի դուռը բացավ Կլեմեսը և ներս մտավ: Ես էլ հետևեցի նրան:

— Ուրիշ ո՞վքեր են ապրում այս տան մեջ, — հարցրի ես:

— Շատերը. բայց բոլորին էլ ես անծանոթ եմ. իմ բնակարանը միայն այս սենյակն է: Նա միևնույն ժամանակ է և՛ իմ ննջարանը, և՛ հյուրասենյակը, և՛ դահլիճը, և՛ գրասենյակը. մեզ նման մարդիկ դրանից ավելի իրավունք չունին ունենալու:

Այս ասելով նա հրավիրեց ինձ սենյակի անկյունում դրված մի կլորիկ սեղանի մոտ, որի վերա արդեն դրված էին գինվո մի կիսատ շիշ, երկու բաժակներով, միրգ և շաքարահաց:

— Նստեցեք այստեղ և վայելեցեք, մինչև ես տիրուհուս կկանչեմ, — ասաց Կլեմեսը և պատրաստվեց դուրս գնալու:

— Ի՞նչ, մի՞թե դուք միայնակ չեք ապրում այստեղ, — հարցրի ես:

— Ոչ, միայնակ չեմ, — պատասխանեց նա:

— Ուրեմն դուք ամուսնացա՞ծ եք:

— Դարձյալ ոչ: Բայց դուք խո երիտասարդ եք և ինձ չեք բամբասիլ, եթե, օրինակ, իմանաք, որ ես մի աղջկա հետ եմ ապրում:

— Բնավ, ինչու՞ համար պետք է նեղանամ, ամենայն մարդ ազատ է յուր տան մեջ:

— Ուրեմն ես իսկույն կծանոթացնեմ ձեզ իմ Լուիզիայի հետ, — այս ասելով Կլեմեսը դուրս գնաց:

Ես իսկույն զղջացի իմ արածից. չպետք է գայի այստեղ, մտածեցի ես, բայց արդեն ուշ չէր, պետք է քաղաքավարությամբ վերջացնեի սկսածս:

Կլեմեսը ուշանում էր: Ես սկսա զննել սարկավագի սենյակը, բայց որքան մեծ եղավ զարմանքս երբ սարկավագական ոչինչ չգտի այնտեղ: Մի մահճակալ բռնել էր խուցի գրեթե կեսը, պատի տակ դրած սեղանի վերա ընկած էր մի փոքրիկ հայելի և նրա չորս կողմը անկարգ և անկանոն ցրված էին հոտավետ ջրերի շիշեր, պուդրի կամ երեսաներկի տուփեր և զանազան օծանելիքներ: Սենյակի պատերի վերա կախված էին աղջկերանց և կանանց զանազան պատկերներ, ոմանք լուսանկար, և ոմանք վիմատիպ: Նրանցից մի քանիսը ներկայացնում էին մինչև անգամ մերկ աղջիկներ, ջրերի մեջ լողանալիս, կամ ուրիշ անպատկառ գործերով պարապած:

Մահճակալի ոտքերի մոտ միայն ընկած էր մի գիրք, որը և հետաքրքրվեցա վերցնելու: Դա Պոլ-դը-Քոկի այն խայտառակ ռոմաններից մինն էր, որոնք ի սկզբանէ անտի մեծ ընդունելություն են գտել աշխարհի անբարոյական շրջաններում: Մի փոքր հեռու, սենյակի մի անկյունում կախված էին մի քանի ժյուպոններ և ուրիշ կանացի հագուստներ:

Այս բոլորը տեսնելուց հետո ես պատրաստվում էի Կլեմես բարեկամիս ամենածանր հանդիմանություններ անել, նկատելով, որ նրա սենյակը բնավ իրեն պատիվ չէր բերում և որ նա ավելի հասարակաց կնոջ՝ քան մի սարկավագի բնակության հարմարություն և կերպարանք ուներ:

Դեռ այս մտածմունքի մեջ էի երբ սենյակի դուռը բացվեցավ և ներս մտավ ինձ մոտ մի գեղեցիկ աղջիկ զանգրահեր, հարուստ հագնված, կիսամերկ կրծքով և բազուկներով և որ ի կարգին... նա ժպտադեմ մոտենալով, պարզեց դեպի ինձ յուր ձեռքը և ասաց.

— Ես ձեզ շատ սպասել տվի կարծեմ, ներեցեք, ես զբաղված էի:

Ես մնացի բոլորովին ապշած. և չգիտեի ինչ պատասխանել.

— Նստեցեք խնդրեմ. ինչու՞ համար եք տխուր. նստեցեք, ես իսկույն կուրախացնեմ ձեզ:

Այս ասելով նա բռնեց ձեռքիցս և տարավ դեպի աթոռը, ես ապուշի նման հետևեցի նրան և նստեցի սեղանի մոտ: Բայց մի փոքր հետո ինքս ինձ գալով հարցրի.

— Ասացեք խնդրեմ, ո՞ւր է Կլեմեսը, ինչո՞ւ նա չէ գալիս այստեղ:

— Ահ, ի՞նչ կանեք Կլեմեսը, նրան ուղարկեցի գինի բերելու, ես մի՞թե բավական գրավիչ չեմ ձեզ համար, խմեցեք գինի, գինի խմեցեք, — այս ասելով նա լցրեց սեղանի վերա դրած երկու բաժակները, և նրանցից մինը իմ կենացը դատարկելով, մյուսն էլ դրավ իմ առաջս և ստիպեց, որ յուր կենացը խմեմ:

Ես զարմացած նայում էի տարօրինակ կնոջ երեսին, նա մի անքարոյական կին էր. ես այդ տեսնում էի, բայց թե իրավ նա Կլեմեսի տիրուհի՞ն էր, այդ մեկը ես չգիտեի:

— Տիկին, ես կամենում եմ Կլեմեսին տեսնել, բարեհաճեցեք նրան կանչելու, ես երկար այստեղ մնալ չեմ կարող, — թախանձում էի անծանոթ կնոջը, բայց նա պատասխանելու փոխարեն բարձրաձայն ծիծաղում էր և կատակներ անում: Հետո բաժակը աջ ձեռքն առնելով և ձախը պարանոցովս պատելով ասաց.

— Խմեցեք իմ կենացս, և ես կերթամ նրան իսկույն կանչելու:

Ես մեքենայաբար բաժակը ձեռքս առի:

— Իմ կենացը, իմ կենացը, — բացականչեց նա, և, այդ րոպեին սենյակի դուռը բացվեցավ:

Ես կարծում էի որ Կլեմեսը պիտի մտներ. բայց որքան մեծ եղավ իմ զարմանքն ու ապշությունը, երբ տեսա թե մտնողները պ. Լուսինյանը, յուր երկու ազգականները և պատեր-Սիմոնն էին:

Վերջինս ամենից առաջ անցնելով նայեց ուղղակի իմ երեսին, և ապա Լուսինյանի ձեռքից բռնելով առաջ բերավ նրան դեպի ինձ, և ասաց.

— Ահա՞ հասարակաց տունը, ահա՞ հասարակաց աղջիկը, ահա՞ ձեր ազնիվ փեսան. — էլ ուրիշ ի՞նչ ապացույց եք կամենում:

Պ. Լուսինյանը մոտեցավ դեպի ինձ այնպիսի մի հանդուգն երեսով, որպիսին ունենում են առհասարակ տերերի անկումը տեսնող ստրուկները և բացականչեց.

— Պարոն, դուք, որ այդքան ստոր և խառնազնաց եք, դուք, որ հասարակաց տների մեջ եք քարշ գալիս, ի՞նչ իրավունքով չեք ձեռք վերցնում իմ աղջկանից: Միթե ինքներդ չե՞ք խղճահարվում, երբ համարձակվում եք իմ միամոր հրեշտակի անմեղությունը ձեր կեղտոտ անվան հետ կապելու...

Ես մինչև այն մնացել էի շվարած և ուր լինելը չգիտեի: Պատեր-Սիմոնի խոսքերից հետո ես արդեն հասկացա, որ Կլեմես սարկավագը ինձ դավաճանել էր և որ նրա այսքան ժամանակ ինձ հետ մտերմություն պահպանելը վերջ ի վերջո այսպիսի մի ստոր դիտավորության գլուխ բերելու համար էր եղած:

Ես կես ցնորված և կես անզգայացած էի, բայց Լուսինյանի խոսքերը լսելով արյունս զարկավ գլխիս և կատաղություն եկավ վրաս:

— Պարոն, մի համարձակվեք ինձ հայհոյելու, — գոչեցի ես դողդողացող ձայնով, — ես պոռնկանոց չեմ եկած. այլ Կլեմես սարկավագի տունը, ես մեղավոր չեմ, որ նա ինձ դավաճանել է... ես այդ տան մեջ էլ ավելի սուրբ եմ քան թե ձեզ այստեղ առաջնորդողները...

Դեռ խոսքս չավարտած կողքիս կանգնած կինը մեջ մտավ և սկսավ իբր թե պաշտպանել ինձ:

— Պարոններ, ինչո՞ւ համար եք իմ բարեկամի վերա հարձակվում. նա իմ սիրահարն է, նա իմ ապագա ամուսինն է...

— Էհ, ի՞նչ պատասխան ունիք սրան, պարոն, — դառն հեգնությամբ հարցրեց ինձ Լուսինյանը, — այս կինն է՞լ է դավաճանում ձեզ:

Ես տեսա, որ ամեն բան վարպետությամբ է սարքված. Լուսինյանը իրավունք ուներ հիմարանալու:

— Պարոն, անմեղը այստեղ միայն ես եմ և դուք, — պատասխանեցի ես, — խաբվողը միայն մենք երկուսս ենք, հավատացեք ինձ:

— Այո, այո, նա իմ սիրահարն է, — Կրկին մեջ մտավ կինը, — դուրս գնացեք, մի խանգարեք մեր զվարճությունը:

Ես էլ համբերել և կատաղությունս զսպել չկարողանալով, հարձակվեցա անզգամ կնոջ վերա և մի շեշտակի հարված իջեցրի նրա գլխին, կինը երերաց և բարձրաձայն ճչալով գլորվեցավ գետնին:

Մի ակնթարթի մեջ պատեր-Սիմոնը, Լուսինյանը և յուր ազգականները դուրս փախան, և նրանց հաջորդեց լկտի կանանց և արբած երիտասարդների մի բազմություն, որը հարևան սենյակներից էր դուրս թափել: Մի պառավ և ջատուկ կին դուրս գալով այդ բազմության միջից աղաղակելով ընկավ վերաս, և քիչ էր մնում, որ մազերս պիտի փետտեր, բայց ներկա եղող երիտասարդներից երկուսը ինձ ազատեցին: Ճիչ, աղաղակ, հիշոցներ, մի րոպեի մեջ բռնեց ամբողջ տունը, և մոտակա հարևանները ներս խուժելով լցվեցան ընդարձակ բակի մեջ:

Մինչ այս մինչ այն հասավ և ոստիկանությունը: Իմ դատախազները բազմաթիվ էին, և նրանց ձայնը ավելի շուտ լսելի եղավ քան թե իմը:

Ես ճանաչվեցա իբր մի չարագործ մարդ, որ համարձակվել էր մի կնոջ ծեծելու: Տեղի ունեցած դեպքի մասին արձանագրություն կազմելուց հետ ոստիկանական պաշտոնյան առաջնորդեց ինձ դեպի քաղաքի բանտը...

ԻԱ

ԲԱՆՏԻ ՄԵՋ

Հասնելով բանտը՝ ոստիկանական պաշտոնյան ինձ հանձնեց բանտապետին պատվիրելով արգելել ինձ մի սենյակում, մինչև ցպահանջ, և ինքը դուրս գնաց:

Բանտապետը մի ծեր, միջին հասակով և չոր կազմվածքով մարդ էր: Ճակատի կնճիռները գրեթե իրենց ծանրությամբ ճնշում էին նրա երկարամազ և թավ հոնքերը, որոնք ծածկում էին երկու մեծ մեծ, բայց խոր ընկած աչքեր: Նրա դեմքի արտահայտությունը սառն էր և անտարբեր: Յուր պաշտոնը կարծես մեռցրել էր նրա մեջ կարեկցելու գողտրիկ զգացմունքը: Ոստիկանական պաշտոնյայի հեռանալուց հետո նա դարձավ դեպի ինձ:

— Բարեհաճեցեք խնդրեմ ինձ հետևելու:

Այս խոսքերը թեպետ շատ քաղաքավարի էին, բայց նա արտասանեց մի այնպիսի եղանակով, որ նրանք ամենակոպիտ հրամանից էլ ավելի վատ ազդեցություն արին ինձ վերա:

Ես հետևեցի բանտապետին, բայց սրտնեղությունից տանջվում էի, որ նա մի բառ անգամ չէր ուզում արտասանել, իմ այստեղ մտնելու պատճառը իմանալու համար:

Մենք անցնում էինք մի նեղ, երկար և կամարակապ միջանցքով, որի երկու կողմից շինված էին բազմաթիվ սենյակներ, երկաթապատ դռներով: Նրանցից յուրաքանչյուրի առաջ կանգնած էր մի հրացանակիր պահապան, որը դռան մեջ շինված փոքրիկ ծակով մերթ ընդ մերթ դիտում էր սենյակի մեջ խլրտվող բանտարկյալների շարժումները:

Հասնելով միջանցքի ծայրը բանտապետը հրամայեց պահապանին բանալ մի սենյակ, որը մյուսներից զանազանվում էր նրանով միայն, որ երկաթապատ դռան փոխարեն հասարակ փայտյա դուռ ուներ վրան: Երբ սենյակը բացվեցավ, նա առաջարկեց ինձ մտնել այնտեղ:

— Չէի՞ք կարող մի ավելի մաքուր սենյակ զիջանել ինձ, ես տկար եմ, և այստեղ օդը կարող է ինձ վնասել, — ասացի ես բանտապետին:

— Սա ամենից մաքուրն է, — պատասխանեց բանտապետը, — իսկ ձեր տկարության հարցի մեջ մենք խառնվելու իրավունք չունենք: Երևի բավական առողջ եք, որ բանտարկության արժանի հանցանք եք գործել:

— Դուք շատ վատ գաղափար ունիք ինձ վերա, պ. բանտապետ, թույլ տվեք, որ պատմեմ ձեզ ինձ այստեղ բերելուն պատճառը, և դուք քաջահույս եմ, կկարեկցեք ինձ:

— Օ՛, դա բոլորովին ավելորդ է. եթե ես ամեն մի բանտարկյալի պատմությունը լսելու լինեմ, ճաշելու համար ինձ ժամանակ չի մնալ, բարեհաճեցեք հանգստանալու ձեր խուցում, դա ավելի օգուտ է ձեզ: Դեռ փառք տվեք աստծուն, որ ձեր քունը ոչ ոք չէ խանգարելու:

Ես այլևս ընդդիմանալ չկարողացա, ներս մտի ինձ սպասող խուցը և դուռը վրաս փակվեցավ:

Ես արդեն բանտարկված էի:

Առաջին մի քանի վայրկյանները թեթև կերպով անցան: Իմ վիճակի ծանրությունը դեռ այնքան զգալի չէր ինձ: Միայն տխրեցա շատ իմ ճգնարանի անմաքրությունը և օդի ապականությունը տեսնելով: Սա մի փոքրիկ և նեղ սենյակ էր, գրեթե առաստաղին կպած մի պատուհանով և աղյուսե հատակով: Նրա բոլոր կարասին կազմում էր մի հասարակ տախտակյա թախտ, ծածկված փոշիով և սատակած ճիճուներով: Խոնավությունից սևացած կամարակապի վերա կախված էին բյուրավոր սարդի ոստայներ, որոնք կանթեղի աղոտ լույսի առաջ մի զզվելի պատկեր էին ներկայացնում: Իսկ այս բոլորից հառաջացած գարշահոտությունը խառնվելով կանթեղի մեջ վառվող նավթի ծուխի հետ, մի անտանելի և խեղդող մթնոլորտ էին ստեղծում այդ դժոխային խուցի մեջ:

Այստեղ ի՛հարկե ո՛չ քնել կարելի էր և ո՛չ արթուն մնալ: Եթե

օդը գոնե մաքուր լիներ, մյուս անմաքրությունների վերա ուշադրություն չէի դարձնիլ, իսկ դրա համար էլ հարկավոր էր, որ պատուհանը կարողանայի բանալ, բայց նա չափից դուրս բարձր էր շինված:

Վերջապես մտածեցի դիմել պահապանին և սենյակիս օդը մաքրելու համար մի հնար խնդրել նրանից: Եվ որքան մեծ եղավ ուրախությունս, երբ նա ցույց տվավ ինձ մի թել, որի քաշելուց իսկույն պատուհանի փեղկերը բացվեցան: Հետո նա դռան ծակով տվավ ինձ մի լաթ, որով փոշոտած թախտը սրբեցի: Մի քանի րոպեից հետ արդեն իմ ննջարանը պատրաստ էր:

Բայց քունը աչքերիս չմոտեցավ: Ես սկսա մտածել իմ վիճակի վերա և սարսափեցի: Իմ թշնամիներին ամեն բան հաջողում էր: Նրանք խանգարեցին իմ ամուսնությունը, նրանք հետ դարձրին ինձ այդ ամուսնության առհավատչյան, նրանք անբարոյական տան մեջ բռնել տվին ինձ, նրանք իմ անունը աղարտեցին և վերջի վերջո բանտի մեջ արգելեցին: Ես իրավունք ունեի հավատալու, որ նրանք Մարգարիտայի սերն էլ կհեռացնեն ինձանից... և այս միտքը կտրտում էր իմ սիրտը: «Իհարկե, ինչ կա սրանից ավելի հեշտ, — մտածում էի ինքս ինձ, — հարյուրավոր մարդիկ կվկայեն, որ ինձ տեսել են պոռնկանոցի մեջ, անբարոյական աղջկա գրկերում, տոփանաց դիցուհվույն անձնատուր... Ոստիկանական ցուցումները կվկայեն, որ ես հասարակաց տան մեջ սկանդալ գործեցի, որ ես մի տկար կնոջ վերա բռնացա...Այս բաները կլսին օտարները և կծիծաղին ինձ վերա, կլսին իմ ազգականները և կխոցոտվին. կլսէ Մարգարիտան և զզվանոք երես կդարձնի ինձանից... Ո՞վ պետք է պաշտպանէ ինձ. և ինչու՞ համար պիտի պաշտպանէ, չէ՞ որ բոլոր փաստերը ինձ դեմ են աղաղակում, չէ՞ որ բոլորի վկայություններն էլ ճշմարիտ են... միայն մեկը կա, որ գիտէ իմ անմեղությունը, բայց այդ մեկն էլ վկայություններ չէ տալիս անմեղության համար, ապա թե ոչ չարությունը այսքան հանդգնությամբ չէր բռնանալ աշխարհի վերա.. .»:

Այս մտածմունքները երկար ժամանակ տանջում էին ինձ, աշխատում էի աչքերս փակել, բայց հնար չէր լինում: Վերջապես սկսա ավելի լրջությամբ մտածել:

«Ինչի՞ս են պետք մարդիկների վկայությունները, — ասում էի ինքս ինձ, — եթե ինձ կդատապարտեն, կկրեմ անիրավության պատիժը, մի՞թե նա ավելի ծանր պիտի լինի, քան այն տանջանքը, որ կարող էր պատճառել ինձ իմ խղճի խայթը, եթե իրոք ես հանցավոր լինեի: Ամբոխի ծիծաղը ինձ համար նշանակություն չունի: Ի՞նչ բան է նա, եթե ոչ մի բազմոտանի կենդանի, որի սանձը շատ անգամ գտնվում է սրիկաների ձեռքում և որին կարող է, հեծնել ամեն մի բախտախնդիր... միևնույն արժեքը չունի՞ արդյոք նրա ծափահարությունը, ինչ որ նրա հայհոյանքը: Ինչ վերաբերում է իմ ազգականներին, նրանք ինձ ճանաչում են և բյուրավոր բարբաջանքներին ավելի իմ. միակ վկայությունը կգերադասեն: Իսկ եթե Մարգարիտան նրանց նման չի մտածիլ, եթե նա կթերահավատե իմ ազնվության վերա և ամբոխի աղաղակը կշարժե նրան ինչպես մի եղեգն, թո՛ղ նա էլ հեռանա ինձանից. թո՛ղ նա էլ արհամարհե ինձ... Եթե ես կկորցնեմ սերը, գոնե կբուժեմ իմ վիրավոր սիրտը և կդադարեմ քիչ-քիչ մեռնելուց...»:

Այս մտածմունքներից հետո վրդովմունքս անցավ, սիրտսսկսահանգստանալ և անուշարար քունը կամաց-կամաց ծանրացավ իմ արտևանունքների վերա:
Ես մինչև առավոտ քնեցի:

ԻԲ

ԱԶԱՏԱՐԱՐՈՒՀԻՆԵՐԸ

Առավոտը արեգական շողերը արդեն թափանցել էին իմ խուցի մեջ, երբ ես զարթեցա: Ուրիշ ժամանակ երեկոյան դեմ ունեցած ամենափոքր վրդովմունքի պատճառով ամբողջ գիշեր ես կերազեի. դա իմ սովորությունս էր: Շատ անգամ իմ քունը ընդհատվում էր հրեշավոր անուրջներով, և ես սարսափահար վեր էի թռչում անկողնից: Բայց այս գիշեր ես ավելի քան հանգիստ քնեցի: Զարմանում էի, որ ոչ մի տեսիլ կամ երազ չէր վրդովել իմ քունը, և չոր տախտակե թախտը փափուկ մահճակալից ավելի հանգիստ էր պարգևել ինձ:

Ես դեռ նոր սկսում էի մտածել երեկվա անցքի վերա, երբ մի կանացի ձայն լսվեցավ միջանցքի մեջ: Այդ ձայնը ծանոթ էր ինձ, ես սկսա ուշադրությամբ լսել: Շուտով իմ խուցի փականքը սկսան շարժիլ, դռները բացվեցան և Մարգարիտան վազելով ներս ընկավ խուցի մեջ:

— Արա՛մ...

Մարգարիտա.. խոսքերը միաժամանակ դուրս թռան մեր բերաններից և մենք գրեթե հափշտակված փաթաթվեցանք միմյանց... Բավական ժամանակ այս դրության մեջ լուռ և անխոս մնալուց հետ վերջապես մենք թող տվինք իրար: Այդ ժամանակ միայն ես նկատեցի, որ Մարգարիտան միայնակ չէր. նրան ընկերակցում էր օր. Վարվարա Միլիկյանը: Ես իսկույն մոտեցա նրան, ջերմությամբ սեղմեցի յուր ձեռը և երկուսին էլ հրամեցրի իմ աղքատիկ թախտի վերա նստելու:

— Չե՞ք վախենում բամբասանքից, որ ինձ նման անբարոյական մարդուն այցելում եք բանտի մեջ, — հեգնությամբ հարցրի ես օրիորդներին, երբ նրանք նստեցին թախտի վերա:

— Քեզ հետ թեկուզ դժոխքը քարշ տան ինձ, — հարեց իսկույն Մարգարիտան, — առանց քեզ՝ արքայություն էլ ինձ համար դժոխք է...

— Իսկ ինձ ինչու՞ համար եք վիրավորում, — խոսեց օր. Վարվարան, — մի՞թե կարծում եք, թե ձեզ չճանաչելու չափ անփորձ մի աղջիկ եմ ես:

— Ես իրավունք չունիմ հուսալու, թե այս դեպքից հետո իմ բարեկամներն անգամ իրենց իմ վերաբերությամբ ունեցած նախկին կարծիքը անխախտ պահել կկարողանան. փաստերը ինձ դեմ են խոսում, մարդիկ ինձ դեմ են լսում, ինչպե՞ս պահանջել, որ նրանք չհավատան միմյանց...

— «Արամ, թող տուր այդ խոսքերը, — պատասխանեց Մարգարիտան, — մենք միմյանց լավ ենք ճանաչում. մեզ ճանաչում են և մեր ընկերուհիները: Դեպքերը և փաստերը մեզ համար չեն, այլ ամբոխի: Թող որ հասարակաց կարծիքը մի պարապմունք ունենա յուր համար, իսկ դու ինձ լսիր: — Այսպիսի մի դարան վաղ թե ուշ պիտի լարվեր քեզ համար, ես այդ գուշակում էի: Գերապայծառի հրամանը ստացվելուց և քո նշանատվության ընծաները քեզ հետ դարձնելուց ետ ես ամեն հաշիվ վերջացրի իմ հոր հետ: Դու անշուշտ հիշում ես, որ ես ասացի քեզ. «Եթե չար ոգիները այսքան եռանդով չզինվեին իմ դեմ, երբեք ես չէի վստահանալ նրանց դեմ պատերազմելու, այժմ չոր փայտի հետ դալարս էլ պիտի այրվի...»:

Այդ դալար փայտը իմ հայրն էր: Ես մինչև այս հասակը նրան ընդդիմացած չէի. նրա հրամանները միշտ ինձ համար սուրբ են եղած: Բայց այն օրից սկսած, երբ նա յուր ուսուցիչների խորհրդով սպանել ուզեց իմ երջանկությունը, ես նրան հայտնեցի, որ նա այլևս աղջիկ չունի, որ Մարգարիտան նրա համար մեռած է: Իմ այս վճիռը հաստատ էր և անդառնալի, նա այդ գիտեր: Ուստի մեծ ուրախությամբ լսեց պատերների քո մասին տված նոր վկայությունը, այն է, որ դու բարոյապես փչացած մի երիտասարդ ես: Իմ հայրը գիտեր, որ միայն քո անբարոյական լինելը կարող էր հեռացնել ինձ քեզանից, ուստի խնդրեց յուր ուսուցիչներին, որ շոշափելի փաստերով ապացուցանեն քո անբարոյականությունը: Եվ նրանք, ինչպես երևում է, ապացուցել են, բայց իհարկե ոչ ինձ, այլ իմ հոր համար: Երեկ երեկոյան հայրս վերադարձավ տուն պատեր-Սիմոնի և մեր երկու ազգականների հետ միասին, և հաղթական եղանակով պատմեց, թե ինչպես քեզ տեսել էին հասարակաց տան մեջ, մի անբարոյական աղջկա հետ գրկախառնված և վերջը թե ինչպես դու հարբելով ծեծել էիր քեզ հետ զվարճացող կնոջը և մատնվել էիր ոստիկանության ձեռքը իբրև մի ոճրագործ: Այս բոլորը մի առ մի պատմում էր հայրս, այս բոլորին վկայում էին մեր ազգականները և պատեր — Սիմոնը:

Ես իհարկե գիտեի, որ ճիշտ էին նրանց պատմածները, բայց գիտեի և այն, որ դրանք բոլորը պատեր-Սիմոնի և ընկերության ձեռքով սարքված բաներ էին, հետևապես այդ պատմությունները ինձ վերա ոչինչ ազդեցություն անել չկարողացան, ես միայն տխրեցի, որ դու բռնվել էիր սատանայական վարմի մեջ...

— Ձեր պատմությունները միայն ձեր աչքում կշիռ ունին, — ասացի ես հորս և նրա ընկերակիցներին, — իսկ ինձ համար միայն առասպելներ են: Իմ սիրած երիտասարդին ես ճանաչում եմ. ինձ չեն կարող հեռացնել նրանից մարդկային մեքենայությունները, եթե նրանք մինչև անգամ սատանաների ձեռքով էլ դարբնված լինին, իզուր է ուրեմն ձեր դժոխային ուրախությունը...

Այս ասելով ես հեռացա նրանցից և այսօր ես քեզ մոտ եմ»:

— Ինչպե՞ս եկաք այստեղ, — հարցրի ես Մարգարիտային, երբ նա վերջացրավ յուր պատմությունը:

— Ես այս առավոտ դիմեցի օր.Վարվարայի հորը, նա բանտապետի ամենալավ բարեկամն է, և խնդրեցի նրան հնար գտնել ինձ համար քեզ տեսնելու, և ահա նա օրիորդին ընկերացրեց ինձ հետ և մենք բանտապետի հրամանով անարգել եկանք քեզ մոտ:

Այժմ դու պատմիր մեզ երեկվա անցքի բոլոր մանրամասնությունները, որպեսզի նույնը Վարվարան յուր հորը հաղորդե. իսկ նա յուր կողմից ոստիկանապետին հարկ եղածը հասկացնելով ազատությանդ հրամանը պիտի ստանա. այդ մասին մենք արդեն խոսացել ենք:

Ես իսկույն պատմեցի նրանց իմ ընթերցողներին հայտնի պատմությունը, սկզբից մինչև վերջ առանց մի կետ մոռանալու կամ թաքցնելու:

Երբ իմ պատմությունը վերջացավ, օրիորդ Վարվարան վեր կացավ տեղից և ասաց.

— Սպասեցեք ինձ երկու ժամ, և ես ազատության հրամանի հետ միասին կվերադառնամ այստեղ, — և այս ասելով դուրս գնաց:

— Իսկ դու, Մարգարիտա, ինչո՞ւ համար ես մնում այստեղ, ընկերացիր օրիորդին, — ասացի ես:

Բայց նա հեգնությամբ ժպտալով պատասխանեց.

— Ի՞նչ իրավունքով ես սիրում ինձ ուրեմն, եթե այդքան փոքրոգի ես կարծում ինձ, մի՞թե մի քանի ժամ էլ ես քեզ հետ բանտարկված չեմ կարող մնալ, և դու չե՞ս հավատում ուրեմն, երբ ես քեզ ասում եմ, թե՝ քեզ հետ միասին ուրախությամբ դժոխք կիջնեմ...

Իբր պատասխան ես միայն համբուրեցի սիրուհուս, և այնուհետև սկսանք կրկին խոսել մեր ապագա ձեռնարկության մասին, որ էր միասին հեռանալ իմ հայրենիքը:

Ինչպես հայտնեց Մարգարիտան, հետևյալ ավուր գիշերը շոգենավ էր ճանապարհվում դեպի Բ., մենք որոշեցինք հենց նրանով էլ հեռանալ:

Երկու ժամից ետ, ինչպես խոստացել էր, վերադարձավ օրիորդ Վարվարան, և բերավ յուր հետ իմ ազատության հրամանը: Երկու ազատարարուհիներիս հետ միասին ես դուրս եկա իմ տխուր բնակարանից:

Բանտի բակից հեռանալու ժամանակ բանտապետը եկավ և ներողություն խնդրեց ինձանից, որ նա սխալմամբ շատ կոպիտ էր վարվել գնդապետ Միլիկյանի բարեկամի հետ և նրան յուր սենյակում չէր հյուրասիրել: Ես իհարկե ներեցի նրան յուր չգործած հանցանքը և հեռացա:

ԻԳ

ԱՆՀԱՋՈՂ ՓԱԽՈՒՍՏ

Դեռ մեր տուն չհասած ճանապարհին պատահեցի իմ փեսին, որ շտապ շտապ վազում էր դեպի ոստիկանատան փողոցը: Տեսնելով ինձ, որ գալիս էի երկու օրիորդների հետ, նա կանգ առավ և զարմացմամբ սկսավ նայել ինձ վերա, կարծես թե չհավատալով յուր աչքերին, որ ինձ էր տեսնում յուր առաջ:

— Այդ ո՞րտեղից. քեզ համար ասացին, որ բանտարկված ես, ես գնում էի ոստիկանապետի մոտ, — հարցրեց փեսաս:

— Ուշացել ես. օրհնությունը Հակովբ տարավ, — պատասխանեց Մարգարիտան, և մենք բոլորս միասին ծիծաղեցինք:

Այսուամենայնիվ փեսաս անհանգստանում էր և ցանկանում էր մի րոպե առաջ իմանալ այս հանելուկի ինչ լինելը:

Ես իհարկե նրան էլ պատմեցի ամեն բան մանրամասնաբար: Հետո հարցրի, թե ինքը ի՞նչ ձևով էր լսել այդ պատմությունը:

— Երեկոյան մենք քեզ սպասեցինք մինչև տասներկուժամը, — պատասխանեց փեսաս, բայց տեսնելով, որ չես վերադառնում, քույրդ սկսավ անհանգստանալ, իսկ ես դուրս եկա փողոց քեզ որոնելու: Այդտեղ ինձ ասացին, որ քեզ Կլեմես սարկավագի հետ են տեսել: Ես դիմեցի նրա տունը, բայց նա հայտնեց, որ դու միայն կես ժամ ես մնացել նրա մոտ և թե այնուհետև քո ուր գնալը չգիտե: Շուկայի հրապարակով անցնելու ժամանակ ես պատահեցի մեր տղաներից մի քանիսին, որոնք այնտեղ հավաքված հենց քո այդ դեպքի մասին էին խոսում: Նրանք ինձ պատմեցին ամեն բան. պատմեցին և այն, որ դու բանտարկված ես: Այդ լուրը ինձ սաստիկ խռովեց, բայց ժամանակը ուշ էր, ոստիկանապետի մոտ գնալ չէի կարող: Վերադարձա տուն և քրոջդ խաբեցի, որ դու մեր տղաների հետ գնացել ես այգիները քեֆ անելու: Միայն իհարկե այդ սուտը երկար չէր թաքնվելու, ես վախենում էի, որ մեր շատախոս դրացուհիներից մինը այսօր ներս կգար և կպատմեր նրան ամեն բան: Բայց այժմ արդեն վտանգն անցած է. մնում է ինձ շնորհակալություն անել մեր գեղեցիկ օրիորդներին, որոնք այսքան մեծ ուրախություն պատճառեցին մեզ բոլորիս:

— Օրիորդները հարկավ չեն սպասում քո շնորհակալությանը, — նկատեցի ես:

— Իհարկե մենք չենք կամենալ, որ մեզանից շնորհակալ լինեին այն գործի համար, որը մենք կատարել ենք միայն մեզ ուրախացնելու համար, — պատասխանեց օրիորդ Վարվարան:

— Դու ինձ տեղ էլ խոսացիր, — նկատեց Մարգարիտան և պարզելով յուր ձեռքը սեղմեց օրիորդի աջը ի նշան շնորհակալության:

Մի քանի րոպեից հետ մենք հասանք տուն: Քույրս գրեթե սարսափելով լսեց այս անախորժ անցքի բոլոր պատմությունը: Բայց իհարկե նա չվշտացավ, որովհետև ես արդեն յուր մոտն էի:

Այդ օրը մենք արտաքո կարգի ուրախությամբ տոնեցինք իմ ազատությունը:

Երեկոյան դեմ, երբ իմ երկու ազատարարուհիները հեռացան, ես հայտնեցի քրոջս ու փեսայիս իմ դիտավորությունը, որ է՝ Մարգարիտայի հետ փախչել իմ հայրենիքը:

Առաջին նվագում նրանք երկուսն էլ ընդդիմացան իմ այդ որոշմանը: Բայց երբ ես բացատրեցի նրանց, որ այս քաղաքում իմ և Մարգարիտայի ամուսնանալը անհնար է, ըստ որում կաթոլիկ կղերը մինչև վերջին շունչը պիտի պատերազմեր ինձ հետ, նրանք համոզվեցան:

— Այսուամենայնիվ այդ փախուստն էլ դժվար է, — նկատեց փեսաս, — որովհետև քանի որ դու այդ գաղտնիքը հայտնել ես Կլեմես սարկավագին, կնշանակե այդ բանը գիտեն և՛ պատերները, և՛ Լուսինյանը. հետևապես նրանք ձեզ կհետևեն ամեն մի շոգենավ ճանապարհվելիս և կխանգարեն ձեր փախուստը:

Այս կասկածը հիմնավոր էր. ուրեմն պետք էր ձեռնարկել այնպիսի մի միջոցի, որով մեր հակառակորդների հետապնդությունը կարելի լիներ ի դերև հանել:

Բայց իհարկե, ես ինձանից ոչինչ միջոց առաջարկել չէի կարող, ես սպասում էի, որ դարձյալ փեսաս գտներ այդ միջոցը:

— Նավահանգստի կողմից նավ մտնել, առանց տեսնվելու անկարելի է, — շարունակեց փեսաս, — որովհետև չնայելով, որ շոգենավը գիշեր ժամանակ պիտի ճանապարհվի, այսուամենայնիվ շատերը նավահանգստում կլինին, և այդտեղ ուղղակի նավակ նստել չեք կարող: Եթե հնար լիներ մի ուրիշ ճանապարհով հասնել շոգենավին, այն ժամանակ գործը կհեշտանար, որովհետև նավը թեպետ նավահանգստումն է, բայց շատ հեռու է կանգնած ափից, այնպես, որ նավամատույցի վերա գտնվողներից ոչ ոք գիշեր ժամանակ չէ կարող ճանաչել շոգենավ մտնողներին:

— Մի՞թե ուրեմն մի ուրիշ հարմար տեղ դու չե՞ս ճանաչում, — հարցրի ես:

Փեսաս մի փոքր մտածեց և ապա հարցրեց:

— Դուք կարո՞ղ եք բաց ծովից նավակ նստել:

— Ինչու՞ չէ, — պատասխանեցի ես, — մի՞թե մի առանձին վտանգ կա դրանում:

— Վտանգ չկա, բայց պետք է արիություն ունենալ: Դուք պետք է մի վերստ հեռավորությունից ծով մտնեք և նավակով հառաջանաք մինչև նավահանգիստը: Հասնելով նավահանգստին՝ պիտի պտտեք նրա շուրջը և ուղղակի նրա բերանից ներս մտնելով բարձրանաք շոգենավը: Կարո՞ղ եք այդ անել:

— Գտիր մեզ համար մի լավ նավակ և մի քաջ նավաստի, — պատասխանեցի ես, — մնացածը հեշտ է. ես բաց ծովից չեմ վախենում, հույս ունիմ Մարգարիտան էլ ինձ հետ նավելու քաջություն կունենա:

— Շատ լավ. ուրեմն ամեն բան հենց վաղը առավոտվանից կպատրաստենք: Ես մի ծանոթ նավաստի ունիմ, կպատվիրեմ, որ նա մի քանի ժամ առաջ յուր նավակը նավահանգստից նշանակյալ տեղ տանե, իսկ ես և Շուշանը երեկոյան կտանենք ձեզ ծովափը:

Մյուս օր առավոտ ես կրկին տեսնվեցա Մարգարիտայի հետ: Նա ուրախությամբ լսեց իմ փեսայի առաջարկությունը:

— Ես երկչոտ չեմ, — ասաց նա, — բավական է, որ Արամը ինձ հետ լինի. ծովի ալիքները ինձ չէին վախեցնիլ, եթե մինչև անգամ նրանք մեր նավակը ընկղմիլ կարողանալու չափ կատարած լինին:

Այնուհետև մենք խոսացինք մեր ուղևորության վերաբերյալ զանազան պատրաստությունների վերա: Քույրս կամենում էր մինչև անգամ նվերների մի քանի կապոցներ հանձնել ինձ մեր ընտանիքին և ազգականներին տանելու համար: Բայց ես հայտնեցի նրան, որ բացի իմ ճանապարհորդական պայուսակը ուրիշ ոչինչ ինձ հետ վերցնելու չեմ. ըստ որում ես արդեն ինձ հետ ամենաթանկագին բեռն էի տանում, և իմ բոլոր աչալրջությունը նրան պիտի նվիրեի:

Կարևոր նախապատրաստության մասին մեր խորհրդածությունները վերջացնելուց հետո, ես ժամադիր եղա Մարգարիտային թե երբ և որտեղ պիտի սպասեր նա ինձ այդ ավուր երեկոյան, որպեսզի մենք միասին ծովափը իջնեինք: Եվ ապա նա գնաց յուր մորը հայտնելու մեզանից լածներն, ըստ որում մեր փախուստի համար նա արդեն տվել էր յուր համաձայնությունը: Իսկ փեսաս գնաց լավ նավակ և քաջ նավաստի վարձելու:

ԻԴ

Երեկոն հասավ, մենք պետք է ճանապարհվեինք: Քույրս ցանկանում էր գալ մինչև ծովափը ինձ ճանապարհ ձգելու, բայց ես. վախենալով, որ հակառակ կողմից մարդիկ կարող էին գալ մեր տուն և մեզ բոլորիս բացակա գտնելով՝ կարող էին կասկածի երթալ մեր փախուստի համար, ուստի լավ համարեցի, որ քույրս մնար տանը: Հետո նրան իմ հրաժեշտի ողջույնը տալով փեսայիս հետ կառք նստա և ուղևորվեցա դեպի նշանակյալ տեղին:

Դեռ երկու փողոց հազիվ էինք անցել, երբ փեսաս հիշեցրեց ինձ, որ պայուսակս մոռացել էի:

— Ոչինչ. մինչև, Բ. ես պայուսակի հարկավորություն չեմ ունենալ, — պատասխանեցի ես, — որքան թեթև լինիմ, այնքան .լավ է: Բայց դեռ վերջին խոսքերը չէի արտասանել, երբ փեսաս արմունկով նշանացի արեց որ լռեմ: Այդ միջոցին, .մի ստվեր անցավ մեր մոտից:

— Ի՞նչ կա, — հարցրի ես կամացուկ ձայնով:

— Կլեմեսը անցավ, չտեսա՞ր, դու այնպես բարձր էիր

խոսում, որ նա անշուշտ քեզ կլսեր, — պատասխանեց փեսաս:

— Էլ այսուհետև ի՞նչ կարող է նա անել մեզ, նկատեցի անհոգությամբ, — բայց մի քանի րոպեից հետ մի գաղտնի երկյուղ պաշարեց սիրտս: Այդ զգացմունքը իհարկե ես թաքցրի իմ փեսայից:

Այգու մոտ հասնելով ես իջա կառքից և պատվիրեցի փեսայիս պատվիլ դեպի ցանկապատի հյուսիսակողմը և սպասել այնտեղ: Մարգարիտային ես ժամադիր էի եղել այգվո ծառուղիներից մինում: Ես շտապ շտապ վազեցի նշանակված տեղը: Երկու մեծ նոճիներով հովանավորված և մացառներով ծածկված մի նստարանի վերա սպասում էր ինձ իմ սիրուհին, նրա հետ էր և Մարին:

— Դու ուշացար, — կամացուկ ձայնով շշնջաց Մարգարիտան, — ես վաղուց է սպասում եմ այստեղ:

— Հոգ չէ, սիրելիս, այս վերջին անգամն է, որ մենք գաղտագողի տեսակցություն ենք ունենում և սխալվում ենք Ժամադրության մեջ, — պատասխանեցի ես, — այսուհետև էլ այսպիսի սխալմունքներ չեն կրկնվիլ:

Այս ասելով շտապով թևս առի նրան և ուղղվեցա դեպի այն կողմը, ուր սպասում էր փեսաս յուր կառքով:

Երբ հասանք կառքին և Մարգարիտայի հետ միասին նստանք նրա մեջ, Մարին տվավ մեզ յուր հրաժեշտի ողջույնը և բարի ճանապարհ մաղթելով ինձ և յուր տիրուհուն հեռացավ:

Մենք դիմեցինք դեպի մեր փախուստի ճանապարհը:

Ամպամած և խավար գիշեր էր. քամին կամաց կամաց սկսում էր զորանալ, և ամայի ծովափի վերա արդեն բարձրանում էին ավազուտի փոշիները: Ես վախենում էի, թե գուցե ալեկոծություն պատահեր: Բայց փեսաս, որ ավելի ծանոթ էր ծովային շարժումներին, հանգստացրեց ինձ ասելով, որ այդ տեսակ քամիները առհասարակ շուտով ալեկոծություն չեն բերում:

Երբ հասանք նշանակյալ տեղը, մեր նավաստին արդեն պատրաստ սպասում էր մեզ:

— Եթե մի փոքր ուշանայիք ես պետք է վերադառնայի նավահանգիստը, — ասաց նա, — որովհետև փոթորիկ է գուշակվում:

— Ուրեմն չգնանք, եթե կարծում ես, որ փոթորիկ կլինի, — ասացի ես:

— Ոչ, մենք դեռ ժամանակ ունենք նավահանգիստը հասնելու համար, — պատասխանեց նա, — մտե՛ք նավակը:

Բայց ծովի ալիքները արդեն բավական բարձրացել էին և մեզ տանող նավակը մի չոր տերևի պես խաղում էր նրանց վերա:

— Ժամանակ չկորցնենք, — ասաց Մարգարիտան մտնենք նավակը, րոպեները թանկ են...

— Դու այս ալիքներից չե՞ս վախենում, — հարցրի ես նրան:

— Ո՛չ, — պատասխանեց նա հաստատուն ձայնով, — նրանք մեզ ավելի վնաս չեն կարող տալ, քան մարդիկները եթե այդ ալիքները մեռցնելու էլ լինին մեզ, գոնե, երկուսիս միասին կմեռցնեն. ավելի քաղցր է մեկտեղ մեռնել քան բաժանված ապրել...

Ես տեսնում էի իմ առջև մի աղջիկ, որի մեջ սերը մեռցրել էր արդեն կանացի թուլությունը, և որի կրծքի տակ բաբախում էր առնական մի ազնվարյուն սիրտ: Ես նայում էի նրա վերա. նայում էի և հիանում: Շառաչող ալիքների առաջ նա կանգնած էր հանգիստ և անհողդողդ, ինչպես մարմարիոնե մի արձան, և անթարթ աչերով դիտում էր հեռու, նավակայմի վերա վառվող լապտերը: Նա շտապում էր ժամ առաջ հասնել այնտեղ, իմ և յուր բախտը ապահովել կարողանալու համար... այսպիսի մի կին ամենահուսահատ սրտերն անգամ կարող էր ոգևորել, իսկ ինձ՝ նա գրեթե առյուծի սիրտ և արծվի թևեր էր տալիս:

— Գնանք ուրեմն, Մարգարիտա, — ասացի ես, և համբուրվելով փեսայիս հետ առաջինը ցատկեցի նավակի մեջ: Մարգարիտան իսկույն հետևեց իմ օրինակին: Փեսաս առաջացավ դեպի նավակը և երկու ոսկի հանելով տվավ նավաստիին և ասաց.

— Քո վարձը մի քառորդ արծաթ է. ես քեզ երկու ոսկի եմ

նվիրում: Այնպես կտանես դրանց մինչև նավահանգիստը, որ ամենափոքր նեղություն անգամ չեն զգա ճանապարհին: Հենց որ հաջողությամբ հասցրիր դրանց շոգենավը, դարձիր ինձ մոտ և երկու ոսկի նորեն կստանաս:

Նավաստին մեծ ուրախությամբ ոսկիները գրպանը դրավ և նոր խոստումով ոգևորված բացականչեց.

— Հանգիստ ինչպես շոգենավի մեջ. այնպես չէ՞. էի իմ զույգ աչքերի վերա. այնպես տանեմ իմ տիրոջն ու տիրուհուն, որ նավակի մեջ քուն մտնեն:

Այս ասելով նա շարժեց թիակները: Եվ մենք ջերմա-ջերմ ողջունելով փեսայիս հեռացանք ափից: Մի քանի րոպեի մեջ մենք արդեն բաց ծովի վերա էինք:

Թեպետ դեռ ալեկոծություն չկար, բայց կոհակների ծփանքը սաստիկ անհավասար լինելով նավակը անընդհատ մի խութից մյուսի վերա էր բարձրանում: Այդ բավական չէր: Նա սկսում էր հեռանալ ափից: Նավաստին տեսավ, որ խոստումը անթերի կատարելու համար յուր ույժերը չպիտի բավեն, թեպետ շատ էր աշխատում ալիքներին տիրելու, ուստի խնդրեց ինձ օգնել իրեն, եթե այդ կարող էի անել: Իսկույն նավակի մեջ դրված թիակներից երկուսը իմ ձեռքս առի, և չորս թիակների հարվածներով սկսանք առաջ վարել նավակը: Մարգարիտան նույնպես կամեցավ մի բանով օգնել մեզ և ձեռքն առավ նավակի փոքրիկ ղեկը, որը մինչև այն բարձիթողի էր արված: Մեր հավաքական ույժը կարողացավ հանել նավակը զարտուղի ճանապարհից և մոտեցնել ափին: Այնուհետև հեշտանում էր նավաստիի գործը, որովհետև ափերից մոտիկ պիտի լողար նավակը, իսկ այդ դեպքում մեծ ույժ գործ դնելու կարիք չկար: Երբ մենք մտինք հին նավահանգստի ձանձաղուտը մեր պ. նավավարը սկսավ երգել, այդ նշան էր, որ վտանգավոր ճանապարհը արդեն անցել էինք:

Ես էլ սկսա մի փոքր զրույց անել մեր նոր բարեկամի հետ:

— Ինչպես երևում է այժմ լավ տրամադրության մեջ ես, բարեկամ, — ասացի նրան, — մի փոքր առաջ քեֆդ տեղը չէր:

— Ճշմարիտ է, տեղը չէր, — պատասխանեց նավաստին, — բայց այդ դուք ո՞րտեղից գիտեիք:

— Ես տեսնում էի, որ ալիքների չարությունը քեզ բարկացնում էր:

— Ալիքների չարությո՞ւնը, բնա՛վ, նրանց չարությունը ինձ չէ բարկացնում, այլ ընդհակառակը զվարճություն է պատճառում: Ես տխուր էի ձեր գալուց առաջ:

— Ինչո՞ւ համար:

— Որովհետև ամբողջ չորս ժամ ձեզ սպասեցի: Էլի օրհնյալ լինի ձեր ծառան, նա ինձ մի փոքր զբաղեցրեց:

— Մեր ծառա՞ն, — զարմացմամբ հարցրի ես, — բայց որտեղ տեսիր դու նրան:

— Նա ինձ մոտ էր, եկել էր տեսնելու, թե ես պատրա՛ստ եմ ձեզ իմ նավակի մեջ ընդունելու համար:

Ես մնացի շվարած: «Մեր ծառան սրա մոտ չէր գալ, — մտածեցի ես, — երևի մի ուրիշը այդ անունով մոտեցել է սրան և մեր գաղտնիքն իմացել»:

— Ի՞նչ ուներ հագած մեր ծառան, — հարցրի ես:

— Օ՛, ծիծաղելի հագուստ. զարմանալի է, ինչպես պատահեց, որ ես մոռացա այդ հագուստի մասին խոսել ձեզ հետ: Ասացեք խնդրեմ մի՞թե ձեր ծառան քահանա պիտի շիներք:

— Ասա՛, ասա՛, ինչ հագուստ ուներ:

— Օ՛, շատ ծիծաղելի հագուստ, մի երկար լոդիկ. մի մալականի գդակ... մի... հա՞ էլ ուրիշ բան չուներ:

— Դա Կլեմեսն է եղել, — շշնջաց ինձ Մարգարիտան:

— Գուշակությունդ սխալ չէ, — պատասխանեցի ես և ապա դառնալով նավավարին հարցրի.

— Ի՞նչ խոսեց քեզ հետ մեր ծառան:

— Ոչինչ. նա հարցնում էր թե քանիսո՞վ է վարձել քեզ մեր աղան, թև ինչ ճանապարհով պետք է ես տանեի ձեզ նավահանգիստը, թե ինչու՞ համար անպատճառ այս ճանապարհովը պետք է ես ձեզ տանեի և ոչ թե ուղղակի նավամատույցի կամուրջից և այլն:

— Իսկ դու ի՞նչ պատասխանեցիր նրան:

— Ինչ որ գիտեք, ինչ որ ինձ ասել էր ձեր մեծ աղան, — պատասխանեց նավաստին և ապա կրկին սկսավ երգել:

— Բռնվեցանք, ուրեմն շոգենավում մեզ սպասում են, խոսեց Մարգարիտան և շրթունքները ատամների մեջ սեղմելով կպավ իմ կրծքին:

— Հանգիստ եղիր, հոգյակս, մեզ ոչ ոք չի արգելիլ. մենք կերթանք, — սիրտ էի տալիս ես Մարգարիտային, բայց նա կարծես չէր լսում ինձ, նավավարի հայտնությունները նրա հոգին խռովել և. ուղեղը շփոթեցրել էին:

Բայց էլ ինչ կարող էինք անել. հետ դառնալ անհնարին էր. պիտի շարունակեինք մեր ճանապարհը՝ դեպի կորուստ կամ դեպի ազատություն...

Այն միջոցին երբ ես աշխատում էի Մարգարիտային սրտապնդել, շոգենավը սուլեց: Նրա սուր առաձգական ձայնը, որ միգապատ ալիքների վերա մի տեսակ տխուր հագագներով էր հնչվում, սթափեցրեց իսկույն Մարգարիտային և նա շտապ-շտապ ուղղվելով նստարանի վերա,

— Գնանք, շտապենք, — ասաց, — շոգենավը արդեն առաջին նշանը տվավ:

Ես էլ ոչինչ չխոսեցի, այլ թիերը ձեռս առնելով սկսա օգնել նավաստիին նավակը առաջ վարելու:

Մի քանի րոպեից հետ մենք հասանք նավահանգստի բերանը և կամաց-կամաց սկսանք հառաջանալ դեպի շոգենավը:

Հիսուն քայլ հազիվ էր մնացել մինչև շոգենավը, երբ երկրորդ նշանը սուլեց:

Մենք կրկնապատկեցինք մեր եռանդը և մի քանի րոպեից հետ արդեն շոգենավի մոտ էինք: Բոլոր ճանապարհորդները արդեն տախտակամածի վերա էին: Շոգենավի շուրջը պտտում էին միայն դատարկ — նավակները, որոնք քաղաք դարձող հուղարկուներին էին սպասում: Ես օգնեցի Մարգարիտային. բ՛արձրանալ նավի տախտակամածը հանող երկաթե սանդուղքի վերա և. ապա ես էլ նրա ետևից բարձրացա:

Հազիվ թե ոտքներիս կոխեցինք տախտակամածի վերա և ահա նշմարեցինք Լուսինյանին, որ յուր մի երկու ազգականների, ոստիկանապետի և մի քանի ոստիկանների ընկերակցությամբ կանգնած էր նավախուցերի մուտքի մոտ: Ըստ երևույթին նրանք սպասում էին մեզ:

— Ամեն հույս կորավ, — շշնջաց Մարգարիտան և դալկահար կրթնեց իմ թևի վերա:

Ես զգացի, որ նա թուլանում էր և իսկույն գրկեցի նրան:

Բայց մի րոպեից հետո նա կրկին զգաստացավ և սկսավ առաջանալ դեպի յուր հայրը:

— Մարգարիտա, ո՞ւր ես գնում. այնտեղ քո հայրն է կանգնած, — զգուշացրի ես, — եկ թաքնվինք այստեղ, մինչև որ երրորդ նշանը կտան, և նրանք կհեռանան...

— Թաքչի՞լ, ինչու՞ համար, — բացականչեց նա, զվարթ ձայնով, — ես չեմ կամենում մինչև վերջը վատությամբ փախուստ տալ իմ ճակատագրից. ես էլ ավելի թաքնվելու ույժ չունիմ, բայց գիտցիր, որ մարդիկներից էլ չեմ վախենում. եթե նրանք ինձ կարգելեն քեզ հետևելու, այն ժամանակ ես կիջնեմ ծովի հատակը, նա բավական խոր է, և իմ հայրը չէ կարող այնտեղ ոստիկաններ ուղարկել:

Այս ասելով նա սիգաճեմ առաջ գնաց: Լուսինյանը տեսավ աղջկան թե չէ, իսկույն վազեց նրա մոտ և հաղթական ձայնով բացականչեց.

— Մարգարիտա, ի՞նչ ունիս դու այստեղ. ո՞ւմ հետ եկար այս կես գիշերին...

— Ամենից առաջ դուք ասացեք, ո՞վ եք դուք և ի՞նչ ունիք ինձ հետ:

Լուսինյանը զարմացած աչքերով նայեց աղջկա վերա.

— Ո՞վ եմ ես. մի՞թե չգիտես, ես քո հայրն եմ... Մարգարիտա...

— Դուք իմ հայրը չեք. հայրերը իրենց աղջկերանց չեն հալածում, իսկ դուք հալածում եք ինձ:

— Մարգարիտա, որդյա՛կս, մի կործանիր ինձ, — ձայնը

նվազեցնելով խոսաց Լուսինյանը, — դարձիր տուն, դարձիր քո մոր մոտ, ես կաշխատեմ այսուհետև քո բոլոր ցանկությունները կատարելու...

— Ապարդյուն քարոզներ են, ես այստեղից վերադարձող չեմ, կամ իմ նշանածի հետ՝ կամ ծովի հատակը — այս է իմ վերջին վճիռը... — Այս ասելով Մարգարիտան շուռ տվավ երեսը և հեռացավ:

— Դուք չեք ամաչում, անօրեն, որ իմ միակ սիրելի աղջիկը հափշտակում եք իմ գրկից, գոռաց դեպի ինձ Լուսինյանը, — չեք խղճահարվում, որ մի պատվավոր ընտանիք անպատվում եք ձեր խայտառակ վարմունքով՝ առանց այդ ընտանիքից մի վնաս տեսած լինելու:

— Եթե դուք իմ հարսնացուի հայրը չլինեիք, ես նույնպիսի լեզվով կխոսեի ձեզ հետ, ինչ լեզվով որ դուք եք խոսում, — պատասխանեցի ես, — բայց ես ձեզ խնայում եմ: Թեպետ չեմ էլ լոիլ ինձ արդարացնելու. ես իմ վարմունքով ոչինչ հանցանք չեմ գործում, դուք բռնանում եք ձեր աղջկա զգացմունքների վերա, իսկ ես պատսպարում եմ նրան. այս է իմ և ձեր գործի մեջ եղած տարբերությունը: Ինքներդ կարող եք դատել, թե ով է մեզանից հանցավորը:

— Դուք իմ աղջկա փեսան լինել չեք կարող, այդ միանգամից պիտի գիտենաք:

— Այդ ձեր աղջիկը պիտի ասե ինձ և ոչ թե դուք:

— Ես նրա հայրն եմ:

— Բայց դուք նրա տերը չեք...

Այս խոսքի վերա շոգեմեքենան երրորդ անգամ սուլեց նավի անվաթները սկսում էին շարժվիլ:

— Շուտ շուտ, ներքև իջեք, շոգենավը ճանապարհվում է, — հրամայեց ոստիկանապետը Լուսինյանին, նրա բարեկամներին և Մարգարիտային:

Բոլորը դիմեցին դեպի սանդուղքները, բայց Մարգարիտան չշարժվեց տեղից:

— Գնանք, աղջիկս, սպասելու ժամանակ չէ, — ասաց Լուսինյանը և դիմելով դեպի Մարգարիտան բռնեց թեը և սկսավ քաշել:

— Ես չի պիտի գամ. հեռու ինձանից, — բացականչեց նա և թևը դուրս խլելով հեռացավ:

— Օգնեցե՛ք, ի սեր աստուծո, օգնեցեք, աղջիկս հափշտակում են,—սկսավ գոռալ Լուսինյանը բռնելով Մարգարիտայի ձեռքերից և քաշելով դեպ առաջ:

Ոստիկանապետը և ազգականները հետ դարձան և պաշարեցին խեղճ աղջկանը:

— Գնացեք, գնացեք, մի անպատվեք ձեր հորը, հեռացեք այդ չարագործ մարդուց, նա ձեզ կկործանի..., նա ձեզ կոչնչացնե, — ամեն տեղից գոչում էին Լուսինյանի ազգականները:

Հետո ոստիկանապետը առաջ եկավ և հրամայեց իջնել շուտով դեպի սպասող նավակը:

Մարգարիտան էլ ընդդիմանալու ուժ չուներ, նրան գրեթե անզգայացած քարշ տվին դեպի նավակը: Սանդուղքներից իջեցնելու ժամանակ նա երկու անգամ փորձ փորձեց իրեն ծովի մեջ նետելու, բայց շրջապատողները թույլ չտվին:

Ես մնացել էի շվարած և չգիտեի ուր գնալ: Մերթ մտածում էի Մարգարիտայի փոխարեն ինքս ինձ ձգել ծովը և ազատել թե՛ ինձ, թե՛ նրան և թե՛ նրա կիսամեռ ընտանիքը. մերթ վճռում էի թողնել և հեռանալ մի անծանոթ երկիր, ուր ազատ իմ բախտը կարողանայի ողբալ և մերթ՝ գնալ դեռ Մարգարիտայի ետնից և քամել դառնության բաժակը մինչև մրուրը...

Դեռ այս տարուբերման մեջ էի, երբ Մարգարիտան տանող նավակը սկսավ հեռանալ. սիրուհիս տեսավ.ինձ նավի ելքի մոտ կանգնած և աղիողորմ-ձայնով ճչաց.

— Արամ, մի՞թե ինձ թողնում ես դու...

Այս ձայնը, մինչև իմ ոսկորների ուղեղը թափանցեց. ես կամեցա վազել ներքև, բայց նավի սանդուղքը արդեն բարձրացրել էին, ճանապարհ չկար. գլուխս սկսավ պտտվիլ... Ես առանց աջ ու ձախ նայելու կշռեցի իմ սիրուհին տանող նավակի և շոգենավի հեռավորությունը և արագությամբ բարձրանալով նավի .խելի վերա մի ուժեղ ոստումով նետեցի ինձ դեպի հեռացող նավակը, դժբախտաբար փոխանակ իմ նպատակակետը հասնելու, ընկա ծովի մեջ: Մի քանի րոպեից՛ զգացի, որ ալիքները խեղդում են ինձ...

ԻԵ

«ԽԵՂԴՎԵԼՈՒՑ ՀԵՏՈ»

Առաջին անգամ, երբ աչքս բացի ինձ իմ քրոջ տանը տեսի մահճակալի վերա պառկած: Ինձ մոտ կանգնած էր բժիշկը և չորս կողմս տխրադեմ և արտասված աչքերով պատել էին քույրս, փեսաս, Մարգարիտան և յուր մայրը: Առաջին անգամ կենդանության նշույլ տեսնելով իմ մեջ նրանք բոլորը միասին սկսան ուրախանալ և ժպտալ, բժիշկը նրանց հուսադրում էր. ես լսում էի նրա խոսքերը, տեսնում էի նրա շրթունքների շարժվածքը, բայց անկարող էի մի բառ անգամ արտասանել: Ես տեսնում էի, թե ինչպես Մարգարիտան ուրախությունից գրեթե շնչասպառ խոնարհվել էր ինձ վերա, սեղմում էր ձեռքերս, փայփայում էր ինձ հազար և մի անուշ խոսքերով և կիսահազագ սպասում էր, որ մի բառ, մի խոսք արտասանեմ իրեն... Ես հազիվ կարողանում էի իմ համր և սիրապատար հայացքով հայտնել՛ նրան, որ տեսնում և լսում եմ իրեն, որ հրճվում, ուրախանում եմ իրեն ինձ մոտ տեսնելով...

Անցան մի քանի ժամեր, բժիշկը կրկնապատկում էր յուր դարմանները, կամաց-կամաց և լեզուս սկսում էր բացվիլ: Առաջին խոսքը ես Մարգարիտային ուղղեցի, ցանկություն հայտնելով, որ նա միշտ մնար ինձ մոտ. հետո սկսա խոսել քրոջս և զոքանչիս հետ. ուրախությունը մի քանի րոպեի մեջ տիրեց ամբողջ տան մեջ:

Արդեն կես գիշեր էր: Բժիշկը խորհուրդ տվավ ամենքին հեռանալ իմ սենյակից և թույլ տալ ինձ քնանալու: Բոլորը դուրս գնացին տեսնելով ուրախությամբ, որ ես արդեն լավ եմ զգում ինձ. և միայն քույրս մնաց ինձ մոտ գիշերը հսկելու համար:

Մինչև առավոտ ես շատ հանգիստ քնեցի: Արեգակը արրդեն բարձրացել էր, երբ ես զարթեցա: Խեղճ քույրս դեռ աթոռի վերա նստած անքնությունից ննջում էր:

Ես իսկույն սթափեցրի նրան և խնդրեցի, որ շուտով գնար յուր ննջարանում հանգստանալու: Բայց նա չէր ուզում լսել ինձ: Այդ միջոցին ներս մտավ Մարգարիտան և ինձ բոլորովին առողջ տեսնելով վազեց, գրկեց և համբուրեց:

— Աստված քեզ կրկին անգամ պարգևեց ինձ, Արամ, — ասաց նա ոգևորությամբ, — այսուհետև մենք չպիտի բաժանվինք միմյանցից մինչև անգամ մի րոպե...

Ես կրկին իմ համբույրներով պատասխանեցի սիրուհուս և ապա երկուսս միասին ստիպեցինք քրոջս գնալ հանգստանալու:

— Ես այստեղ եմ, կարող ես մի քանի ժամ ինձ հանձնել եղբորդ խնամարարությունը, — ասաց Մարգարիտան ծիծաղելով:

Քույրս այլևս չընդդիմացավ և քաշվեցավ յուր ննջարանը:

Երբ մենք մենակ մնացինք, ես խնդրեցի Մարգարիտային պատմել, թե ինչ պատահեց ինձ հետ ծովի մեջ ընկնելուց հետո:

— «Ինչ որ պատահեց, ես մանրամասնաբար հիշել չեմ կարող, — պատասխանեց Մարգարիտան, — որովհետև այդ րոպեին ես էլ ինձ կորցրել էի. միայն կպատմեմ, ինչ որ հիշում եմ:

Այն րոպեին որ դու թռար դեպի մեր նավակը, ես ցատկեցի իմ նստարանից, ես կամենում էի իմ գրկերի մեջ ընդունել քեզ, բայց անիծյալ նավաստին վարձված ավազակին մեկն էր, նա դիտմամբ այնպեսի հարված տվավ ալիքներին՝ որ թե՞ ես փռվեցա նավակի մեջ և թե՞ դու վրիպեցիր քո նպատակից:

Երբ ես կրկին անգամ բարձրացա, դու արդեն կռվում էիր ալիքների հետ, նրանք սպառնում էին խորասուզել քեզ, և դու աշխատում էիր թևակոխել նրանց և հասնել մեզ... Տեսնելով քեզ ծովի ծփանաց խաղալիք, ես աղաղակեցի իմ բոլոր ուժով. «Օգնեցեք, օգնեցեք, նա խեղդվում է...»: Բայց մեր նավաստին փոխանակ դեպի քեզ մոտենալու սխալ հարվածներով հեռացնում էր նավակը քեզանից, ես սկսում էի խելագարվել և մի քանի անգամ փորձ փորձեցի դուրս թռչել նավակից, ազատել քեզ կամ քեզ հետ միասին խուրասուզվիլ... Բայց մի քանի ձեռքեր միանվագ բռնեցին ինձ:

Ես մնացի անշարժ, և ճչում էի աղիողորմ ձայնով: Ոչ ոք իմայիններից ձայն չէր հանում, նրանցից մինը մինչև անգամ սաստեց ինձ՝ լռել, ես կատաղում եմ... Բայց ոստիկանապետը իսկույն նեթ հրամայեց հետ դարձնել նավակը, նավաստին այս անգամ չհամարձակվեցավ ընդդիմանալ. մյուս կողմերից էլ շրջապատեցին քեզ ուրիշ նավաստիներ իրենց նավակներով, ամենքն էլ ճիգ էին թափում քեզ փրկելու: Մի քանի անգամ դու դուրս խլվեցար նրանց ձեռքից, որովհետև հագուստներդ ողողվել և քեզ ծանրացրել էին: Այդ հուսահատ րոպեին նավաստիներից մինը, որ արդեն մերկացել էր, ձգեց իրեն ջրի մեջ և հափշտակելով՝ քեզ սկսավ լողալ դեպի յուր նավակը: Նրա արհեստակիցները օգնեցին նրան ձգել քեզ նավակի մեջ. հետո ինքն էլ ցատկեց և դուրս եկավ ջրից: Այդ ազատարար հրեշտակը այն նավաստին էր, որ մեզ յուր նավակով բաց ծովից բերել էր նավահանգիստը:

Բայց շուտով հայտնեց նա ոստիկանապետին, որ դու արդեն անշնչացած էիր...

Օ՛, եթե կարողանայի նկարագրել քեզ՝ թե ինչ հուսահատություն տիրեց ինձ այն րոպեին, երբ այդ մահագույժը լսեցի... դու անշուշտ կսարսափեիր... բայց ես զգում էի, որ արդեն խելագարվում եմ, որովհետև սոսկալի վշտի ծանրությունը մի րոպե տեղի տվավ իմ մեջ ուրախության, կարծես թե ես կամենում էի ծիծաղել և կանխահաս գիտակցությունը խեղդեց իմ մեջ խելագարության այդ երկունքը...

Չնայելով իմ հոր և ազգականների խստության, ես միջոց գտի մեր նավակից թռչել դեպի քեզ և գրկել քո ողողված և անշնչացած մարմինը. «Արամ, տար ինձ քեզ հետ... մի թողնիր ինձ...» անընդհատ ճչում և ողբում էի, կամ խելագարի նման խոսում էի քեզ հետ, բայց երբ ոչինչ պատասխան չէի առնում, ընկնում էի քեզ վերա և անընդհատ համբույրներով ծածկում էի փակված աչքերդ և անշնչացած շրթունքներդ:

Ոստիկանապետի հրամանով նավաստիները բազմապատկել էին իրենց ույժերը, և մեր նավակները շոգենավի պես թռչում էին ծածանուտ ալիքների վերա:

Մի քանի րոպեից ետ մենք արդեն նավակամրջի վերա էինք:

Նավակամրջի վերա, լապտերի լույսի առաջ ես նշմարեցի փեսայիդ... խեղճը երևի սպասում էր այստեղ հավաստիանալու համար, թե արդյոք անվտանգ ճանապարհվեցա՞նք մենք, թե՞ ոչ: Բայց տեսնելով առաջին նավակում հորս և ազգականներիս շփոթված առաջ եկավ:

— Արամը մեռավ, օգնության հասիր, — աղաղակեցի ես նավակի միջից. և խեղճ մարդը շփոթված թռավ ինձ մոտ:

Քո անշունչ մարմինը շոշափելով նա մի հուսահատ ձայն արձակեց և ապա չոքելով առավ քեզ յուր գրկերի մեջ, մինչև որ ոստիկանապետի հրամանով նավակամրջի վերա գտնվող կառքերը մեզ բերին այստեղ:

Երբ մոտենում էինք ձեր տանը, հայրս և ազգականներս շրջապատեցին ինձ և չէին ուզում թողնել, որ ներս մտնեմ, նրանցից մինը, որին ես իսկույն չկարողացա ճանաչել, մինչև անգամ հանդգնաբար նկատեց. «Չգիտեմ ինչու համար չթողին, որ չարագործը խորասուզվեր ծովի հատակը և մենք ազատվեինք»: Ես մոտեցա նրան կատաղի հայացքով և արդեն պատրաստվում էի շեշտակի ապտակ իջեցնել երեսին, երբ նրա ծպտյալ կերպարանքի մեջ ճանաչեցի պատեր — Սիմոնին, մեր այսքան թշվառության հեղինակին:

«Դժոխքն է խոսում քո բերանով, ոճրագործ, մի հանդգնիր այդ շրթունքներովդ արդարի անունը արտասանելու» ասացի նրան և հետ խլվելով մտա այստեղ:

Բարեբախտաբար քույրդ քնած էր. փեսադ ամեն զգուշություն գործադրեց որ նա մեր գլխին հասած այս դժբախտությունը չիմանար: Շուտով հասավ և բժիշկը, որը ուրախացրեց մեզ ասելով, որ վտանգավոր ոչինչ չկա: Նրա գործ դրած մի քանի դարմաններից հետ դու արդեն շնչում էիր: Մայրս հասավ հենց այն ժամանակ, երբ Շուշանը զարթել էր. փեսադ երկուսին էլ ժամ առաջ նախապատրաստեց և ապա թե թույլ տվավ որ մտնեն քեզ մոտ:

Բայց առաջին վայրկյանի ազդեցությունը միայն բավական եղավ նրանց լացացնելու:

Տեսնելով նրանց, ես նույնպես չկարողացա զսպել իմ արտասուքները: Բարեբախտաբար այդ վայրկյանները չերկարացան:

Շուտով դու աչքերդ բացիր, և քո առաջին հայացքի հետ հույս և ուրախություն ներշնչեցիր մեզ: Իսկ այնուհետև, ես, և մայրս թողեցինք քեզ և չիմացանք, թե ինչ պատահեց քեզ հետ»:

— Եվ այնուհետև ես շատ հանգիստ քնեցի, հոգյակս, այնպես հանգիստ, որ այժմ կատարյալ առողջ եմ զգում ինձ, — ավելացրի ես, և տարածելով ձեռքերս գրկեցի սիրուհուս և ջերմաջերմ սեղմեցի կրծքիս վերա:

Այնուհետև բժշկի խորհրդով ես դեռ երկու օր էլ պառկած մնացի, կատարելապես կազդուրվելու համար:

Մարգարիտան այդ երկու օրը, գրեթե առավոտից մինչև երեկո ինձ մոտ էր անցուցանում:

Մենք անդադար խոսում էինք մեր փոքրիկ, բայց երջանկությամբ և դժբախտությամբ լի անցյալից և մերթ տխրում, մերթ ուրախանում էինք:

Երբ ես բոլորովին կազդուրվեցա, նորից վճռեցի վերցնել հարսնացուս և փախչել: Բայց այս անգամ ոչ թե ծովի ալիքներին ապավինելով, այլ Դաղստանի ահարկու լեռներին: Այս նպատակին հաջողությամբ հասնելու համար, ես որոշեցի իմ փեսայի աջակցությամբ դիմել նրա բարեկամ մի խումբ լեզգիների օգնության, որոնց խոսքը և գործը առհասարակ պատերների մեքենայությանց հետ ոչինչ կապ չէր. կարող ունենալ:

Բայց այս երկրորդ փախուստս ապահով ճանապարհի վերա դնելու համար ես պետք է դեռ մի ամբողջ շաբաթ, սպասեի, և որ, կարևորն էր — շատ խորհրդապահ մնայի:

Այս անգամ դիտավորությունս միայն իմ փեսային հայտնեցի:

ԻԶ

ՆՈՐ ՄԵՔԵՆԱՅՈՒԹՅՈՒՆ

Առողջանալուց հետո դեռ առաջին օրն էր, որ ես տանից դուրս գալ էի ուզում, երբ պ. Լուսինյանը եկավ ինձ մոտ: Նրա անակնկալ այցելությունը մի առանձին ուրախություն պատճառեց ինձ: Ես մտածում էի, թե գուցե յուր ուսուցիչների ձեռով ինձ և յուր դստերը հասցրած այսքան վշտերը նա նորից է ուզում դարմանել և մեր միությանը համաձայնություն տալու համար է եկել: Բայց երևաց, որ իմ նախկին աները բոլորովին հակառակ դիտավորությամբ է այցելել ինձ:

Նստելով իմ առաջարկած աթոռի վեր, նա սկսավ խոսել:

— Հարգելի բարեկամ, մինչև այսօր քո գործ դրած բոլոր միջոցները իմ աղջիկը քո ամուսինդ դարձնելու համար ապարդյուն անցան, ինչպես ապարդյուն անցան և իմ ջանքերը, աղջիկս քեզանից հեռացնելու համար: Դուք այժմ միմյանց սիրում եք, ճշմարիտ է, բայց որ դուք. միմյանց պատկանելու չեք, այդ ավելի է ճշմարիտ: Ինչպես գիտեք ի սկզբանե անտի ես ընդդեմ չէի: Ձեր երկուսի ամուսնության, այդ պատճառով էլ նշանադրեցի ձեզ, բայց երբ տեսա, թե կրոնական խտրություններ կան մեր մեջ, երբ տեսա, որ իմ պատվելի քահանաները ընդդեմ են այս միության և երբ տեսնում եմ, որ մեր գերապայծառ եպիսկոպոսը հրամայում է ինձ յուր սուրբ բերանով՝ չամուսնացնել քեզ հետ իմ աղջիկը

.ավելի գերադասում եմ նրանց հաճությունը և կամքը կատարել, քան թե քո և իմ աղջկան ցանկությունը: Այս վճիռը անխախտ և անքակտելի է: Ուրեմն շնորհ արեք թողնել իմ աղջկան. հեռացրեք նրան ձեզանից, այդ դուք կարող եք... այս ես խնդրում եմ...

— Ձեր պահանջը կատարել իմ ուժից բարձր է, — պատասխանեցի ես, — դուք աշխատեցեք ձեր աղջկանը համոզել, և երբ նա ինքը կկամենա հեռանալ ինձանից, ես այլևս նրան չեմ հետնիլ:

— Իմ աղջիկը ինձ չէ լսում, նա անտարբեր է իմ աղաչանաց, իմ արտասունքների առաջ... Ահա մի քանի օր է ինչ որ դուք պառկած եք, նա էլ իմ ընտանիքում չէ երևում. միշտ ձեզ հետ, միշտ ձեզ մոտ... Ի սեր աստուծո, խղճացե՛ք ինձ, խղճացե՛ք, նա իմ մի հատիկ զավակն է, ես նրանից զրկվել չեմ կարող...

— Եթե սիրում եք նրան, սիրեցեք և ինձ, ամուսնացրեք նրան ինձ հետ, և դուք մեկի տեղ երկու զավակ կունենաք, եթե սիրում եք ձեր աղջկան, մի՞ տանջեք նրան, մի՞ հալածեք նրանից սիրված մարդուն:

— Այդ մի՞ ասեք, այդ ես չեմ կարող անել, մեր պատերները, մեր գերապայծառը այդ չեն կամենում:

— Ուրեմն իզուր եք ինձանից ձեր խնդրի կատարումը սպասում. ես առաջ իմ կյանքից կզրկվեմ, հետո իմ հարսնացուից, այս էլ իմ անխախտ և անքակտելի վճիռն է, իմացե՛ք:

— Եթե դուք ձեռք չեք վերցնիլ իմ աղջկանից, ձեզ զոռով կհեռացնեն այս քաղաքից, իմացած եղեք, ես կամենում եմ, որ դուք ձեր պատվով հեռանաք, որպեսզի իմ աղջիկը մի ցավ ավելի չունենա:

— Ո՛չ ինձ հեռացնել կարող են այստեղից և ո՛չ ձեր աղջիկը ինձանից խլել, ապահով եղեք:

— Եթե ես այս խոսքերը ասում եմ ձեզ, բարեկամաբար եմ ասում. թողեք իմ աղջկան, հակառակ դեպքում դուք կզղջաք:

— Իմ թշնամիների ձեռքով ես արքայություն էլ չեմ մտնիլ. դուք խլում եք ինձանից իմ ուրախությունը, իմ կյանքը, և դուք իմ թշնամին եք. ես մերժում եմ ձեր բարեկամական խնդիրն էլ, խորհուրդն էլ:

— Դուք կպատժվիք և կզղջաք, — հաստատ ձայնով սպառնաց ինձ Լուսինյանը և դուրս գնաց:

«Ի՞նչ պետք է անեն ինձ այս մարդիկ, — մտածեցի ինքս ինձ, — մի՞թե դավադրությունների ցանկը դեռ վերջացած չէ»: Բայց ո՞վ կարող էր գուշակել, թե ի՞նչ կանեին, պատեր-Սիմոնը և յուր ընկերները ամեն տեսակ չարիքներ նյութելու պատրաստ էին: Բավական է, որ առիթ կար:

Մնում էր ինձ սպասել մի մոտալուտ դժբախտության: Հետևյալ առավոտ եկավ ինձ մոտ մի ոստիկան և հայտնեց, որ ոստիկանատնից ինձ պահանջում են: Ես իսկույն հետևեցի նրան:

Ոստիկանական վարչության մեջ սկսան հարցուփորձել ինձ թե ո՞վ էի ես, ո՞րտեղից եմ եկած, ի՞նչ գործով եմ պարապում այստեղ և այլն: Բոլոր հարցերին էլ ես մի առ մի պատասխանեցի: Հետո ոստիկանատան մի պաշտոնյան հարցրեց, թե արդյոք անցաթուղթ ունեի՞ ես:

— Անցաթուղթ ունիմ, — վստահությամբ պատասխանեցի ես:

Իսկ պաշտոնյան, որ կասկածանքով էր նայում ինձ վերա, պահանջեց, որ ցույց տամ իրեն:

— Ինձ մոտ չէ, բայց կներկայացնեմ ձեզ, — պատասխանեցի ես:

— Ուրեմն մեր պաշտոնատարը կընկերակցե ձեզ, տվեք նրան անցաթուղթը, որ բերե, իսկ մենք նրա համարը մեր գրքերի մեջ արձանագրելուց հետո, անմիջապես կվերադարձնենք ձեզ:

— Շատ լավ, — պատասխանեցի ես և պաշտոնատարի հետ դուրս եկա:

Հասնելով տուն առաջին գործս այն եղավ, որ վազեցի պայուսակս վերցնելու, որովհետև անցաթուղթս նրա մեջ ունեի պահած: Բայց որքան մեծ եղավ զարմանքս, երբ պայուսակս մահճակալի տակ չտեսի, ես նրան միշտ այնտեղ էի պահում և չէր կարելի, որ մի ուրիշը փոխադրած լիներ այնտեղից մի ուրիշ տեղ: Հանկարծ միտքս եկավ, որ փախուստի գիշերը նրան պետք է վերցնեի ինձ հետ, բայց մոռացա և տանը թողի: «Ուրեմն քույրս վերցրած կլիներ նրան մի ապահով տեղ դնելու համար» մտածեցի ինքս ինձ և դիմեցի քրոջս մոտ:

— Դու նրան անպատճառ շոգենավումն ես մոռացել, — նկատեց ինձ քույրս, — այնպիսի շփոթված դրության մեջ իհարկե, դու նրան վերցնելու վերա չէիր մտածիլ:

— Ի՞նչ ես խոսում, քույրիկս, այն երեկո ես ինձ հետ չեմ տարել իմ պայուսակս. ես մինչև անգամ լավ հիշում եմ, որ ճանապարհին փեսան հիշեցրեց ինձ, որ ես մոռացել եմ նրան, իսկ ես պատասխանեցի, որ պայուսակս ինձ չի պիտի հարկավորվի մինչև Բ., ուստի մի դժբախտություն էլ չէ, որ մոռացել եմ նրան:

— Այդ ճշմարիտ է, դու մոռացել էիր նրան, պատասխանեց քույրս, բայց մինչև այգին դեռ հասած չէիք լինի՝ որ մի տղայի ղրկեցիք ինձ մոտ թե՝ «Պայուսակս մոռացել եմ, շուտ ղրկիր, ճանապարհին սպասում ենք»: Ես էլ տվի տղային և նա բերավ ձեզ:

— Կատա՞կ ես անում, քույրիկս, — բացականչեցի ես շփոթված, — մենք այդպես տղա չենք ուղարկել քեզ մոտ, մենք պայուսակ չենք պահանջել:

— Կատա՞ կ, ինչու՞ համար, ես քեզ իրողություն եմ պատմում:

Ես մնացի արձանացած: Ո՞վ պետք է լիներ այդ տղան, և կամ ի՞նչ կարող էր իմանալ նա, թե ես պայուսակ եմ մոռացել տանը: Այս ճարպիկ հափշտակությունը ինձ ապշեցնում էր:

Բայց այդ ժամանակ վերա հասավ փեսաս և հանելուկը լուծեց:

— Հիշո՞ւմ ես, — ասաց նա, — որ այն երեկո այգու ճանապարհովն անցնելու ժամանակ ես հիշեցրի քեզ պայուսակի մոռացման մասին, և դու բարձրաձայն պատասխանեցիր թե՝ «Ոչինչ, ես իմ պայուսակին հարկավորություն չեմ ունենալ մինչև Բ.», այդ ժամանակ անցավ մեր մոտից Կլեմեսը...

— Ա՛ , այժմ հասկանում եմ... նա է ճարպկությամբ՝ տանել տվել պայուսակս, այդ անիծյալը մի քանի օր առաջ եկավ և վարպետությամբ տեղեկացավ, թե արդյոք անցաթուղթ ունի՞մ ես. նա մինչև անգամ տեսավ, թե որտեղ եմ պահում նրան: Եվ որովհետև նա առաջուց տեղեկացել էր նավաստիից ամեն բան, ուստի մեր կառքով անցնելն էլ տեսնելով շտապել է հարմար րոպեից օգուտ քաղել:

Պաշտոնատարը դրսում ինձ սպասում էր, ես մնացել էի տարակուսված, և չգիտեի ինչ պատասխանել նրան: Մի րոպե ցանկացա դիմել սարկավագին և խնդրել նրան հետ դարձնել ինձ անցաթուղթս, բայց մտածելով, որ նա հենց այն դիտավորությամբ է ձեռք գցել, որ կարողանա պատժել ինձ, ես թողեցի այդ միտքը: Ի՞նչ զենքով կարող էի ես համոզել այդ երիտասարդին, որ նա կարեկցեր ինձ:

Ինձ բարություն անելու տեղ, ճիզվիթների այդ արբանյակը կարող էր մինչև անգամ մեղադրել ինձ զրպարտության մեջ և նորանոր փորձանքներ բերել իմ գլխին: Այժմ ես վախենում էի նրանից նույնչափ, որչափ և յուր ուսուցիչներից: Ինձ մնում էր դիմել ոստիկանատան և հայտնել նրա վարչությանը ճշմարիտ իրողությունը: Եվ ես գնացի:

Բայց ոստիկանական պաշտոնյան ո՛չ միայն սառնությամբ լսեց իմ պատճառաբանությունը, այլև վերջում մի հեգնական ժպիտ և խորհրդավոր հայացք ուղղեց դեպի ինձ, որով ուզում էր հասկացնել, թե ինքն արդեն գիտե, որ ես ստախոսում եմ, բայց չէ կամենում իմ հանցանքը բռնել իմ երեսին...

Ոչինչ այնքան վիրավորական չէ, քան թե այն շնորհը, որով մարդիկ — իբր քեզ հանցավոր ճանաչելով — քաղաքավարությամբ լռության են տալիս այն հանցանքը, որը դու չես գործել, բայց որին քեզ իրենք հեղինակ են ճանաչում...

Իմ զեկուցումը լսելուց հետո պաշտոնյան ներս մտավ ոստիկանապետի մոտ: Մի քառորդ ժամ այնտեղ խոսակցելուց հետո դուրս եկավ և խնդրեց ինձ ներկայանալ ոստիկանապետին:

— Ձեզ վերա մեծամեծ ամբաստանություններ կան, — ասաց ինձ ոստիկանապետը, երբ ես ներս մտնելով ողջունեցի նրան, —

այդ ամբաստանությունները գրավոր կերպով ներկայացրել են ինձ ամենանշանավոր մարդիկ, — Սարատովի ավագերեցը Ֆրանցիսկոս Լորենտանո և քաղաքիս մեջ մեծ անուն և հարգանք վայելող զույգ քահանաներ՝ պատեր-Սիմոնը և պատեր-Պետրեն: Բացի այն, որ ամբաստանությունը ներկայացնողները վարկ և կշիռ ունեցող անձնավորություններ են, նույնիսկ ամբաստանությունը պարունակում է յուր մեջ անհերքելի փաստեր և ապացույցներ: Ամբաստանության մեջ ասված է, որ դուք մի փախստական եք և խռովարար: Առաջինը հաստատում եք ինքներդ չկարողանալով ներկայացնել մեզ ձեր անցաթուղթը, որի համար մի ժամ առաջ ասում էիք, թե՝ ունի: Երկրորդ ամբաստանության համար էլ դեռ անկորուստ մնում են այն արձանագրությունները, որոնք վկայում են հասարակաց տան մեջ ձեր գործած սկանդալները, մի պատվավոր ընտանիքի աղջկան մոլորեցնելը և նրան վտանգավոր նավարկությամբ փախցնել կամենալը... և այլն: Ձեր առաջին հանցանքը ես ներեցի ի շնորհս իմ մի հարգելի բարեկամին: Վերջինի համար ես չեմ կարող ներողամիտ լինել, մանավանդ որ պաշտոնական ամբաստանագրով երեք պատվելի անձնավորություններ դատ են պահանջում ինձանից:

Ոստիկանապետը որքան խիստ, նույնչափ էլ դյուրահավատ մարդ էր երևում ինձ. ես սկսա սկզբից մինչև վերջը պատմել նրան իմ գլխով անցածները: Այսպիսի գավառական քաղաքներում առհասարակ վարչության գլուխները ավելի ժամանակ և հոժարություն են ունենում լսելու: Մեր ոստիկանապետը դեռ մի քիչ էլ ավելի ուներ: Հետևապես նա լսեց ինձ ոչ միայն համբերությամբ, այլև, մեծ զվարճությամբ:

Երբ ես վերջացրի, նա ծալեց յուր առաջ գրած ամբաստանագիրը և դնելով սեղանի մի անկյունում ասաց.

— Այս թուղթը մենք կընդունենք իբրև մի զրպարտություն, և նրա վերա ուշադրություն չենք դարձնիլ, որովհետև նրա մեջ հիշված ամբաստանությունները դուք կարող եք հերքել նույնիսկ դատաստանի առաջ, բայց ի՞նչ կարող եմ անել ես ձեր անցաթղթի համար: Ճշմարիտ է, ես հավատում եմ, որ նա կորած է, բայց օրենքի առաջ իմ հավատը նշանակություն չունի: Նա պահանջում է, որ անցաթուղթ չունեցողներն հետիոտն իրենց հայրենիքը ուղարկվին: Ձեր հակառակորդները շատ ճարպիկ են շարժել և օրենքի այդ տրամադրության համաձայն կպահանջեն ինձանից օրինաց ճշտիվ գործադրությունը: Ես չեմ կարող նրանց պահանջը չկատարել, որովհետև ինձ տերությունն է կերակրում, և ես պարտավոր եմ օրենքը սրբությամբ գործադրել. հակառակ դեպքում ես կպատժվիմ և կպատժվի ինձ հետ իմ ընտանիքը:

— Ի՞նչ եք կամենում ուրեմն որ ես անեմ, — հարցրի ոստիկանապետին:

— Դուք պետք է հեռանաք այստեղից:

— Իսկ եթե չկարողանա՞մ:

— Այն ժամանակ ստիպված կլինեմ օրենքի հրամանը գործադրել. ուրիշ ելք չկա:

— Գոնե ինձ ժամանակ տայիք իմ հարսնացուն ինձ հետ վերցնելու...

— Օ՛, դուք կամենում եք իմ ձեռքով հանցանք գործել, — շփոթված ընդհատեց ինձ ոստիկանապետը, — հետ առեք ձեր խոսքը, Եթե ես թույլատրեմ ձեզ ձեր կամքովը հեռանալ դա շատ մեծ զիջում է, որովհետև հենց այդ դեպքում էլ ես օրինաց հակառակ վարված կլինեմ: Օրենքը հրամայում է հետիոտ և պահապանների հսկողության ներքո: Հասկանո՞ւմ եք:

— Ուրեմն դուք չե՞ք կամենում ինձ ժամանակ տալ:

— Ես կամենում եմ, բայց չեմ կարող, դուք պիտի այնպես հեռանաք, որ ես այդ չիմանամ, ապա թե ոչ, պատերների կողմից կրկին անգամ զեկուցում ստանալուն պես ՝ ես կշտապեմ գործադրել օրինաց հրամանը:

Ընդդիմությունը կարող էր զայրույթ ծնեցնել: Ես խոստացա ոստիկանապետին առաջին շոգենավովն իսկ ճանապարհվիլ դեպի իմ հայրենիքը և դուրս գնացի:

ԻԷ

ԱԿԱՄԱ ՋԻՋՈՂՈՒԹՅՈՒՆ

Վերադառնալով տուն, տեսա, որ քույրս և փեսաս անհամբեր սպասում էին ինձ: Իմ հայտնությունը, հակառակ իմ սպասածին, նրանց վերա տխուր տպավորություն չարավ: Ես զարմացա:

— Դուք չե՞ք ցավում ուրեմն, որ ես այսքան անարդությամբ պիտի փախուստ տամ այստեղից, — հարցրի ես քրոջս վիրավորված սրտով:

— Բնավ, ընդհակառակը մենք շատ ուրախ ենք, — պատասխանեց նա ժպտալով:

— Ես ոչինչ չեմ հասկանում քո խոսքերից, մի փոքր ավելի պարզ խոսիր, — նկատեցի ես:

— Ուրախ ենք նրա համար, որ քեզ միայնակ չենք ուղարկելու, մենք էլ պիտի ընկերակցենք քեզ. պատասխանեց քույրս: Երբ դու ոստիկանատանն էիր, մենք արդեն որոշեցինք այս բանը, որովհետև գուշակում էինք, թե ինչ հրաման պիտի ստանայիր ոստիկանությունից: Ես ավելի եմ ուրախ, որովհետև այս դեպքը առիթ կդառնա, որ ես ու փեսադ գոնե միանգամ կայցելենք մեր մորը և բարեկամներին: Ահա յոթներորդ տարին լրանում է, ինչ որ մենք բաժանվել ենք նրանցից:

— Այդ բոլորը լավ. հապա Մարգարիտան. մի՞թե պիտի թողնենք նրան:

— Իհարկե կթողնենք, — հարեց փեսաս, — մենք այնտեղ երկար չենք կարող ուշանալ: Մի ամիս չի տևի, և մենք կվերադառնանք: Այն ժամանակ դու էլ նոր անցաղթով կգաս մեզ հետ այստեղ, և ինչ դիտավորություն որ ունես, անարգել կկատարես: Այն ժամանակ դու ավելի սառնարյունությամբ գործ կբռնես:

— Մի ամի՛ս..., ամբողջ մի ամիս չտեսնել Մարգարիտային...

օ՛հ, այդ իմ ուժից վեր է...և վերջապես ո՞ւմ հուսովն ենք թողնում նրան այստեղ:

— Յուր մոր հուսով, — հարեց քույրս, — նա ավելի պակաս չէ սիրում յուր աղջկանը, քան թե դու և ես: Մարգարիտան այնքան խելոք աղջիկ է, որ համբերությամբ կտանե քո մի ամսվա բացակայությունը, մանավանդ որ այդ բանը առիթ կտա կրքերի խաղաղվելուն: Գուցե մինչև մեր վերադարձը կհեռանան այստեղից և պատեր-Սիմոնի օգնականները և այնուհետև հեշտ կլինի քեզ համար հաղթահարել նրան: Նույնիսկ Լուսինյանը կարող է այդքան ժամանակում խելքի գալ, ճանաչել յուր սխալները և զղջալ: Միով բանիվ այդ մի ամսվա բացակայությունդ շատ բարիք կարող է հառաջացնել թե՛ քեզ և թե՛ Մարգարիտայի համար: Գոնե դուք մի փոքր կկազդուրվիք, որովհետև հոգեկան անընդհատ հուզմունքներից երկուսդ էլ արդեն կորցրել եք ձեր առողջությունը:

Քրոջս խորհուրդները վատ չէին. ուղեղս խոնարհվում էր նրանց առաջ, միայն ապստամբը — սիրտս էր. նա լսել անգամ չէր հանդուրժում:

Բայց ի՞նչ կարող էի անել: Նույնիսկ ոստիկանական հրամանը հարկադրում էր ինձ հեռանալ, — և ես նորանոր փորձության ենթարկվելու այլևս ուժ չունեի: Պետք էր վերջապես խոնարհվիլ ճակատագրի առաջ, պատվավոր ազատության ելք չկար: Եվ ես տվի իմ համաձայնությունը:

Մի օրից հետ արդեն առաջին շոգենավը ճանապարհվում էր: Քույրս ու փեսաս սկսան կարևոր պատրաստությունները տեսնել, իսկ ես շտապեցի հայտնելու սիրուհուս մեր դիտավորությունը:

Մենավոր խոսակցության համար իմ և Մարգարիտայի մշտական տեսակցության տեղը այգին էր: Կարևոր դեպքում. Մարգարիտան դուրս էր գալիս տնից Մարիի հետ, զբոսնելու պատրվակով, և ես նրան պատահում էի միշտ ծովափի մոտ գտնվող մեր մի սիրելի ծառուղիում:

Ուղարկելով Մարգարիտայի ժամադրությանս տոմսակը, քայլերս ուղղեցի դեպի այգին: Բայց ի՞նչպես պետք է ասեի նրան, թե հեռանում եմ քեզանից, այդ միտքը տանջում էր ինձ: Մեր հապճեպ ուղևորության ճշմարիտ պատճառը հայտնել չէի կարող, որովհետև նրա առանց այն էլ վշտացած սիրտը կրկնապատիկ կխոցոտվեր, մնում էր մի սուտ պատճառ հնարել, մի պատճառ, որը նա հերքել չկարողանար: Եվ ահա. այդ պատճառը գտնելու համար էր, որ ես հոգնեցնում էի իմ ուղեղը, բայց գտնել չէի կարողանում:

Շատ անգամ մեծամեծ խնդիրներ, որոնց լուծելու համար տարիներով պարապում են փորձառու գլուխները, լուծվում են ամենաչնչին և ամենաաննշան դիպվածներով: Այդպես էլ պատահեց ինձ հետ: Դեռ այգին չհասած հանդիպեց ինձ հեռագրական ցրիչը և տվավ ինձ մի հեռագիր, որը մի առևտրական գործի համար քաշել էր ինձ բարեկամներիցս մեկը: Հեռագրի տեսքը միայն բավական եղավ ինձ իմ որոնած պատճառը գտնելու:

«Կասեմ Մարգարիտային, որ մեր տնից հեռագիր ստացա, որով հայտնում են՝ թե մայրս մերձ ի մահ հիվանդ է և ինձ ուզում է» մտածեցի ինքս ինձ և ուրախացա: Պատրվակը ամենահարմարն էր, մանավանդ որ քույրս ու փեսաս ընկերակցում էին ինձ: Հենց այդ պատճառով էլ Մարգարիտան չէր կարող կասկածել իմ խոսքերի ճշմարտության վերա: Իսկ կրկին այստեղ վերադառնալուց, իհարկե, ես նրան կխոստովանեի ճշմարտությունը, բավական էր, որ մինչև իմ վերադարձը նա հանգիստ լիներ:

Բայց պետք էր հարկավոր դիպվածում ցույց տալ նրան հեռագիրը:

Այդ պատճառով ես կրկին վերադարձա տուն, պատրաստեցի այդ մտքով մի հեռագիր, և քրոջս ու փեսայիս էլ նախապատրաստելով շտապեցի Մարգարիտայի մոտ:

Սա արդեն մտախոհ ճեմում էր յուր սիրելի մենարանում, իսկ մի քանի քայլ հեռավորության վերա նստած էր Մարին:

— Սիրելի Մարգարիտա, այսօր անախորժ լուր պիտի հաղորդեմ քեզ, — ասացի նրան ողջունելուց հետ:

— Այնքան շատ անախորժ լուրեր եմ լսել, որ ականջներս սովորել են, — պատասխանեց նա տխրությամբ, — ասա, ես հանգիստ սրտով կլսեմ քեզ:

— Գիտե՞ս, սիրելիս, ես պետք է հեռանամ քեզանից...

— Հեռանա՞լ... երբե՛ք, այդպիսի լուր ես չեմ կարող լսել. ես կմեռնեմ...

— Բայց գիտես, պիտի հեռանամ շատ կարճ ժամանակ, ընդամենը մի ամսով:

— Եվ ու իսկ մի օրով, բացականչեց նա ջերմությամբ, — այն օրը որ դու կհեռանաս ինձանից, այն օրն էլ դու ինձ կկորցնես հավիտյան...

— Մարգարիտա, հոգյակս, դու այնպես ես խոսում, որ իբր թե այս բաժանումը շատ ցանկալի է ինձ համար, բայց գիտցիր, որ ես սիրտս սեղմելով եմ զիջանում այս ձեռնարկությանը, որովհետև անհրաժեշտ է նա:

— Անհրաժե՛շտ, բայց ինչու՞ համար, մի՞թե կա մի ուրիշ գործ ավելի անհրաժեշտ քան այն, որ քո ներկայությամբ դու պիտի սփոփես քո սիրատանջ և վշտահար Մարգարիտային...

Ես մի վայրկյան լռեցի, որովհետև չէի համարձակվում խաբել իմ սիրուհուն, այդ րոպեին նա իմ աչքում երևում էր ինչպես մի գերբնական ոգի, որ կարող էր թափանցել իմ սրտի մեջ և քննել նրա գաղտնիքները... Այդ սիրտը, ինչպես մի հանցավոր, դողում էր նրա առաջ և խելքն ու կամքը տեղի էին տալիս իմ մեջ սրտի սրբազան զգացմունքներին...

Բայց չէ՞ որ չարիքներից փոքրագույնը պետք էր ընտրել. ավելի լավ էր խաբել նրան վիշտ չպատճառելու համար, քան վշտացնել՝ մի անօգուտ ճշմարտություն խոստովանելու համար: Կամաց կամաց ես հակվում էի վերջին միջոցի կողմը: Ուստի երբ նա կրկին հարցրեց թե՝ ինչու՞ համար է անհրաժեշտ իմ հեռանալը, ես ցույց տվի նրան շինծու հեռագիրը: Խեղճ Մարգարիտա, նա իսկույն հավատաց ինձ և տխուր ձայնով մրմնջաց.

— Քանի որ մայրդ հիվանդ է, ես չեմ կարող ստիպել քեզ, որ

ուշանաս: Գնա, գուցե նա կարոտ է քո օգնության, գուցե նրա կյանքը քո վերադարձից կախում ունի. նա կարող է վշտանալ և անիծել այն ձեռքը, որ արգելում է քո վերադարձը... բայց ասա նրան, Արա՛մ, որ այդ ձեռքը իմն է, որ ես պաշտում եմ քեզ... որ ես պիտի մեռնեմ առանց քեզ...

Այս խոսքերով նա ընկավ իմ պարանոցով և սկսավ հեկեկալ և դառնապես արտասվիլ... Իմ սիրտը կտրտվում էր, ես կամենում էի ընկնել իմ սիրուհու ոտքերի առաջ, ծածկել նրանց իմ համբույրներով և հենց այդտեղ, նրա ոտքերի տակ, ավանդել իմ հոգին...

Բայց ավա՛ղ, մարդիկ ցանկացած րոպեին երջանկանալ կարենալու չափ ուժ չունին. նույնիսկ մահը փախուստ է տալիս նրանցից, երբ գիտե, թե յուր մատչելով՝ գոհություն պիտի պատճառե մահկանացուին...

Եվ այսպես, մենք երկար գրկախառնված միայն լալիս էինք, մինչև որ վերջապես մեր արտասվաց առուները փակվեցան, և մենք հոգեկան վրդովմունքից գրեթե վաստակած նստանք հովանավոր ուռիների տակ:

Մարգարիտան դեռ չգիտեր, թե քույրս և փեսաս էլ պիտի ընկերակցեին ինձ, բայց երբ այս բանը ես հայտնեցի նրան, շատ ուրախացավ, որովհետև, դա մի հաստատուն գրավական էր իմ շուտափույթ վերադարձի համար, ըստ որում Մարգարիտան ինքն էլ գիտեր, որ փեսաս ու քույրս երկար բացակայել չէին կարող:

— Երբ կերթաք մորդ մոտ և աստուծով նրան կառողջացնեք, — սկսավ սիրաբանել Մարգարիտան, — ասացեք նրան, որ դուք թողել եք այստեղ մի երկրորդ հիվանդ, որը նույնպես կարոտ է յուր որդու հոգատարության, թող նա շուտ, շատ շուտ վերադարձնե քեզ ինձ մոտ: Այսուհետև օրերը տարիներ պիտի դառնան ինձ համար և արևը մութ ու լուսինը խավար պիտի երևի իմ աչքում: Ասա մորդ, որ նա խղճա ինձ, յուր երկրորդ աղջկանը, յուր Արամի Մարգարիտային... Ասա, որ ես սիրում եմ նրան, որովհետև նա քո մայրդ է. ասա՛, որ ես ճնշում եմ իմ սիրտը, որ ես խեղդում եմ իմ սերը, միմիայն յուր համար, թող ինքն էլ չզլանա ինձ ամենափոքրիկ զոհողություն — զրկվիլ քեզանից միայն մի ամիս, այնուհետև մենք կրկին կվերադառնանք յուր մոտ և միշտ միասին կլինինք...

Այս և սրա նման շատ խոսքեր էր խոսում ինձ Մարգարիտան սևեռելով ինձ վերա յուր սևորակ և գեղեցիկ աչերը՝ մերթ կրակոտ և սիրապատար, մերթ մեղմ և աղաչավոր հայացքներով: Ես լսում էի նրան հոգեզվարճ հիացմունքով և սրբազան հափշտակությամբ... Եվ երբ նա ավարտեց յուր խոսքը, մենք ուղղվեցանք դեպի տուն:

Քույրս ու փեսաս մեր ուղևորության միակ արգելքը Մարգարիտայի կողմից էին սպասում, բայց նրանք շատ ուրախացան, երբ Մարգարիտան զվարթ երեսով հանդիպեց նրանց և մինչև անգամ բարի ճանապարհ մաղթեց: Իրենք էլ մյուս կողմից ավելի սփոփեցին նրան, խոստանալով, որ ամեն ջանք գործ կդնեն ինձ շուտ վերադարձնելու: Մյուս կողմից էլ, երբ բացատրեցին նրան մեր ուղևորության անհրաժեշտությունը, նույնիսկ մեր և յուր հոր լարված դրությունը բարեփոխելու և պատերների խումբը ցրվելու նպատակով

Մարգարիտան ավելի հանգստացավ և սկսեց մինչև անգամ օգնել քրոջս մեր ուղևորության պատրաստությունների մեջ: Ամբողջ այդ օրը Մարգարիտան մնաց մեզ մոտ և երեկոյան դեմ հեռանալով՝ ժամադիր եղավ առավոտը շոգենավի ճանապարհվելու ժամանակ գալ ուղղակի նավահանգիստը և այնտեղ նավամատույցի վերա առնել մեր վերջին հրաժեշտի ողջույնը:

ԻԸ

ՀՈՒՅՍԵՐՍ ՓՇՐՎԵՑԱՆ...

Դուք անշուշտ երազներին չեք հավատում, ես էլ ձեզ նման սնահավատ չեմ: Բայց համոզվեցեք, որ կան երազներ, որոնք չեն խաբում և որոնց պետք է հավատալ: Ահա այդ երազներից մինն էր, որ այդ միևնույն գիշերը խռովեց իմ հանգիստը:

Ինձ թվում էր, թե Մարգարիտայի հետ զբոսնում էի մի գեղազարդ այգիի մեջ, ուր ամեն կողմից մեզ շրջապատում էին հարուստ և բարձրաբերձ ծառեր, ծաղկափթիթ պուրակներ և կանաչազարդ թփիկներով եզերված առուներ, որոնք կարկաչասահ և բազմապտույտ ոռոգում էին գեղեցիկ դարաստանը:

Մենք թևիթև ճեմում էինք հովանավոր ծառերի տակ, և Մարգարիտան մերթ ընդ մերթ ամենագեղեցիկ ծաղիկները փրցնելով նրանցից փնջեր էր կապում և կախում էր իմ կրծքի վերա:

— Այս փնջերը թող հիշատակ մնան քեզ մոտ, Արա՛մ, — ասում էր նա, — որովհետև իմ վախճանը մոտեցել է, և ես պետք է մեռնիմ... Բայց երդվիր ինձ, որ իմ մահից հետո, դու անթառամ կպահես այս փնջերը և երբ քո հոգին կբաժանվի քեզանից, դու նրան կհանձնես մեր սիրո այս գողտրիկ հիշատակները ինձ բերելու համար...

Եվ այս խոսքերը դեռ նա չէր ավարտել, երբ մի հանկարծական թնդյուն շրջապատեց մեզ, գեղեցիկ դարաստանը փոխվեցավ մի հորձանուտ ծովակի, որի կոհակները կատաղի շառաչմամբ դիմում էին դեպի մեզ... Մենք սարսափահար սկսանք փախչել նրանցից:

Այդ փախուստի ժամանակ հանկարծ Մարգարիտան ճչաց՝ «Արամ, ազատիր ինձ...»: Ես իսկույն հետ դարձա և ինչ եմ տեսնում, ո՛վ աստված, կոհակներից մինը մարդու կերպարանք առած ահագին բերանով և կատաղի աչքերով վազում էր մեր ետևից, նա հագած ուներ սառույցներից շինված քահանայական սքեմ և նույնպիսի սաղավարտ, իսկ ձեռքի մեջ մի հրեղեն սուր և մի արյունոտ խաչ... Հենց այն րոպեին, որ ես կամենում էի պատսպարել Մարգարիտային, նա խլեց նրան իմ ձեռքից և, մի ակնթարթում անհայտացավ ծովակի ալիքների մեջ...

— Մարգարիտա, — աղաղակեցի ես իմ բոլոր ուժով և սարսափահար վեր թռա քնիցս:

Թեպետ նույն րոպեին երազի մեջ լինելս իմանալով ուրախացա, բայց երկյուղից ամբողջ մարմինս դողում էր:

Արդեն մոտ էր լուսանալու, ես էլ քնել չկարողացա: Զանազան տխուր մտածմունքներ հետզհետե սկսում էին ինձ պաշարել: Ես վախենում էի, թե չլինի՞ այդ տարօրինակ երազը կատարումն ստանա:

Եվ թեպետ մերոնք արթնանալով ինձ ևս ստիպեցին վեր կենալ և ուղևորության համար պատրաստվիլ, բայց ամբողջ ժամանակ սիրտս մեռածի պես էր, և երակներիս մեջ կարծես արտասուք էր հոսում...

Վերջապես կամաց-կամաց սկսանք պատրաստվիլ, ծանր իրեղենները ժամ առաջ շոգենավը դրկեցինք, տանը մնացած իրեղենները ըստ պատշաճի ամրացրինք, և նրանց պահպանելու համար ծառաներին կարևոր հրահանգները տվինք և այսպես մինչև ժամ ութը ամեն բան վերջացնելով դուրս եկանք տնից և ուղղվեցանք դեպի նավահանգիստը:

Ես սկսա շտապեցնել քայլերս նավակամրջի վերա Մարգարիտային տեսնելու և նրա հետ մի քանի վայրկյան ավելի խոսելու համար:

Բայց դեռ ծովափը տանող ճանապարհի վերա էի, երբ տեսա, որ Մարին վազում է իմ ետևից:

— Ի՞նչ կա, Մարի՛, — : շտապով հարցրի ես:

— Օրիորդը այս նամակը տվավ ինձ, որ ձեզ հանձնեմ, պատուհանից նա և մի նամակ տվավ իմ ձեռքը:

— Իսկ ինքը ո՞ւր է, մի՞թե չէ գալու, — հարցրի ես անհանգստությամբ:

— Չգիտեմ. մենք նրան այսօր յուր անկողնում չգտանք, երևի շատ վաղ է վերկացել, մենք կարծում էինք, թե նա ձեզ մոտ կլիներ:

— Ինչպե՞ս թե մեզ մոտ, — շվարած հարցրի ես, և ապա նամակը հիշելով հարեցի, — հապա այս նամակը նա ե՞րբ տվավ քեզ:

— Երեկ երեկոյան և խնդրեց, որ այս առավոտ հանձնեմ ձեզ:

Ես կամեցա իսկույն բանալ նամակը, բայց ծրարի վերա գրված մի քանի տողերը իմ ձեռքերը թուլացրին:

«Արամ, երդվեցնում եմ քեզ մեր սուրբ սիրո անունով, որ կատարես իմ վերջին խնդիրը: Այս նամակը կարդա այն ժամանակ, երբ դու արդեն շոգենավով մի քանի փարսախ հեռացած կլինիես»:

«Ի՞նչ նամակ պետք է լինի այս» մտածեցի ես զարհուրելով և շտապեցի նավահանգիստը:

Մարգարիտան յուր խոստման համաձայն այնտեղ պիտի լիներ:

Բայց որքան մեծ եղավ երկյուղս, երբ այնտեղ էլ Մարգարիտային չտեսա: Նավահանգիստ եկողները — ճանապարհորդները թե հուղարկուներ, բոլորը արդեն հավաքվել էին, մերոնք արդեն պատրաստվում էին նավակի մեջ մտնելու, բայց Մարգարիտան դեռ չկար:

— Նստիր նավակում, դեռ գնանք շոգենավը, — ասում էր ինձ փեսաս, — Մարգարիտան նավակով այնտեղ էլ կգա:

Բայց մի՞թե ես կարող էի լսել նրան: Մի քանի րոպեից եկան և Մարգարիտայի զույգ ընկերուհիները՝ Վարդուհին և Վարվարան, նույնպես և տեր-Հովհաննեսը և մեր մյուս բարեկամները և ծանոթները, բայց Մարգարիտան դարձյալ չէր երևում: Ամենից վերջը եկավ իմ զոքանչը միայնակ: Էլ սարսափը տիրեց ոսկորներիս:

«Ի՞նչ բան է վերջապես այս նամակը, ի՞նչ եմ հիմարացել, ինչու՞ չեմ կարդում» կշտամբեցի ինքս ինձ և դողացող ձեռքերով բանալով նրան սկսա կարդալ:

«Սիրեցյալդ իմ Արամ.

Ճակատագիրը մեզ հալածում էր, և մենք իզուր էինք կռվում նրա դեմ. տկար մահկանացուի համար չէ սերը և ո՛չ էլ երկիրն է նրա բնակարանը. պետք էր հնազանդիլ անողոք ճակատագրին, երկինքն ընտրելով մեզ համար սիրո ասպարեզ... Դու երեկ խաբեցիր ինձ, թե քո մոր հիվանդության պատճառով ես հեռանում այստեղից, դու վախենում էիր ճշմարիտ պատճառը ինձ հայտնելու, որովհետև ճանաչում էիր քո Մարգարիտային և գիտեիր, որ նա իսկույն կմեռներ... Բայց միթե ավելի լա՞վ չէր քեզ մոտ, քո գրկերում մեռնիլ...

Երեկ երեկոյան եկան մեզ մոտ պատերները և նրանց հետ էլ մի ոստիկանական պաշտոնյա և մեզ մոտ ուրախության տոն կատարեցին, որ կարողացել էին ոստիկանական ուժով քշել տալ քեզ այստեղից և դեռ խրոխտանում էին, որ քիչ ժամանակից հետ պիտի աքսորել տան քեզ քո հայրենիքից... Իմ հայրը ուրախությամբ հյուրասիրում էր նրանց, նա տոնում էր յուր աղջկա ազատությունը՝ նրա սիրելուն հալածելով... ասա՛ ինձ, Արամ, մի՞թե կարող էի ես բաց աչքերով քո հավիտյան ինձանից բաժանվիլը տեսնել, մի՞թե կարող էի ես իմ հոր ձեռքով քեզ հասած դժբախտությունները լսել... Վերջապես, մի՞թե կարող էի ես մի վայրկյան անգամ քեզանից հեռու և քեզ տեսնելուց հուսահատ ապրել... Օ՜հ, ոչ, ես այդքան ույժ չունիմ, ես միայն մի բան կարողացա վճռել և կատարել: Քանի որ Մարգարիտան քոնը չէր, նա ուրիշինն էլ չի պիտի լիներ... Ես կամեցա իմ սերը սուրբ պահել և ես նրան ինձ հետ երկինքը տարա... այն ժամանակ երբ դու այս տողերը կկարդաս, քո Մարգարիտան ծովի ալիքների մեջ անշնչացած կլինի... բայց դու ներիր քո դժբախտ Մարգարիտային...»:

Նամակը դեռ չվերջացրած, գլուխս սկսավ պտտվիլ, աչքերս սևացան, և ես թուլացած ծնկներով ընկա նավակամրջի նստարանի վերա:

Բոլոր շրջապատողները թափվեցան ինձ վերա, քույրս ու բարեկամներս սկսան շփոթվիլ, հարցեր անել ինձ, ճիչեր արձակել, բայց ես կարծես խլացած ոչինչ չէի լսում, աչքերս միայն ապուշ-ապուշ շրջում էի այս ու այն կողմը՝ առանց մի բան տեսնել կարողանալու: Զգում էի, որ անդամներս սառչում էին, մահը կարծես թե մոտենում էր ինձ...

Մեկ էլ հանկարծ իմ չորս կողմը ձայներ լսվեցան.

— Խեղդված մարդ են բերում, խեղդված մարդ:

Ես իսկույն վեր ցատկեցի, հետաքրքիր ամբոխը խռնվում էր դեպի նավակամրջի ծայրը. ես էլ խելագարի նման վազեցի նրանց մոտ:

Հիսուն քայլ հեռավորությունից լողում էր դեպի մեզ քաղաքի «փրկարար նավակը» յուր կարմրագույն դրոշակով: Չորս նավաստիներ արագ-արագ շարժում էին թիակները. մի քանի րոպեից հետ մակույկը մոտեցավ նավակամրջին: Դիակը արդեն դուրս էին հանում նավաստիները, երբ ես ամբոխը ճեղքելով առաջ անցա: Եվ ի՞նչ տեսին աչքերս, աստված իմ, Մարգարիտան առավոտյան սպիտակ լողիկով, հերարձակ և կիսամերկ բազուկներով՝ անշնչացած ընկած էր իմ առաջ...

— Երա՛զ... Մարգարիտա, — աղաղակեցի ես և ուշաթափ ընկա սիրուհուս դիակի վերան...

Թե ի՞նչ պատահեց ինձ հետ այնուհետև, էլ ես չիմացա: Առաջին անգամ որ աչքերս բացի, ես արդեն ծովի վերա էի՝ պառկած նավի տախտակամածի վերա: Ինձ տխրադեմ շրջապատել էին քույրս, փեսաս և մեզ հետ եղող մեր մի քանի ծանոթները:

Նավը սլանում էր, և ես հավիտյան բաժանվում էի Մարգարիտայից...

www.ingramcontent.com/pod-product-compliance
Lightning Source LLC
Chambersburg PA
CBHW021109090426
42738CB00006B/575
9781604447811